大学思政研究丛书

高校课程思政的思考与探索

主编 • 蒋瑛　　副主编 • 邓常春

GAOXIAO KECHENG SIZHENG
DE SIKAO YU TANSUO

四川大學出版社
SICHUAN UNIVERSITY PRESS

图书在版编目（CIP）数据

高校课程思政的思考与探索 / 蒋瑛主编. — 成都 : 四川大学出版社, 2022.5（2025.6 重印）

（大学思政研究丛书）

ISBN 978-7-5690-5449-1

Ⅰ. ①高… Ⅱ. ①蒋… Ⅲ. ①高等学校－思想政治教育－教学研究－中国 Ⅳ. ①G641

中国版本图书馆 CIP 数据核字 (2022) 第 078414 号

书　　名: 高校课程思政的思考与探索
　　　　　Gaoxiao Kecheng Sizheng de Sikao yu Tansuo
主　　编: 蒋　瑛
丛 书 名: 大学思政研究丛书

丛书策划: 庞国伟　梁　平
选题策划: 梁　平
责任编辑: 杨　果
责任校对: 孙滨蓉
装帧设计: 璞信文化
责任印制: 李金兰

出版发行: 四川大学出版社有限责任公司
　　　　　地址: 成都市一环路南一段 24 号（610065）
　　　　　电话:（028）85408311（发行部）、85400276（总编室）
　　　　　电子邮箱: scupress@vip.163.com
　　　　　网址: https://press.scu.edu.cn
印前制作: 四川胜翔数码印务设计有限公司
印刷装订: 北京长宁印刷有限公司

成品尺寸: 170mm×240mm
印　　张: 8.25
字　　数: 155 千字

版　　次: 2022 年 6 月 第 1 版
印　　次: 2025 年 6 月 第 2 次印刷
定　　价: 49.00 元

本社图书如有印装质量问题，请联系发行部调换

四川大学出版社
微信公众号

前　言

习近平总书记在2018年全国教育大会上指出，思想政治工作是学校各项工作的生命线。落实到专业课建设与教育中，课程思政是思想政治工作的重要表现形式，是落实高校立德树人根本任务的战略举措，是全面提高人才培养质量的重要任务，是专业课程建设中的“生命线”。

2016年全国高校思想政治工作会议召开以来，尤其是2020年教育部印发《高等学校课程思政建设指导纲要》以来，四川大学国际经济与贸易系深入思考、积极探索如何将经济类尤其是国际经济与贸易专业课程与思想政治教育深度结合，如何在课程教学中坚持以马克思主义为指导，进一步加快构建中国特色哲学社会科学学科体系、学术体系、话语体系；如何更好地帮助学生了解国际经济与贸易专业和行业领域的国家战略、法律法规和相关政策，引导学生深入社会实践、关注现实问题，培育学生经世济民的职业素养，开展了大量的理论思考与实践探索，达成一些共识。

我们深刻认识到，从坚持办学方向来看，专业课的课程思政建设是坚持高等教育办学方向的必由之路。培养什么人、怎样培养人、为谁培养人是新时代中国高等教育必须回答的根本问题。坚持社会主义大学办学方向，根本是要做到“四个服务”，落脚点是培养担当民族复兴大任的时代新人。对时代的清醒认识，对中国特色社会主义道路、理论、制度和文化的高度自信，对专业领域国家战略、法律法规的深刻理解，是“时代新人”的基本素养。这一基本素养的培育，具有丰富的思想政治教育元素与特征，必须依靠思想政治教育的理论、方法与专业教育深度融合，才能有效达成。

我们深刻认识到，从课程建设本身来看，专业课的课程思政建设是推动课程质量提升的有效途径。高质量的专业课程，从来都不是仅仅针对理论本身的照本宣科，不是抛开历史与现实的机械灌输，不是抽离了文化背景的单调阐述。尤其是经济贸易类的课程，更应该是充分融入时代背景、融入文化底蕴、融入发展环境、融入家国情怀、融入现实关切的课程。一门高质量的课程，不仅仅要有科学的理论，更应该建立与国家同呼吸的价值引领，与人民共命运的家国情怀，应该建立与学生最直接最深切的情感连接，应该在科学理论上让学生明晰，在价值观念上使学生认同，在行为实践上给学生力量。

我们深刻认识到，从教师个人发展来看，专业课的课程思政建设是提升教师教学水平的重要方法。习近平总书记曾经谈过“怎样才能成为好老师”这个问题，他明确指出，做好老师，要有理想信念、有道德情操、有扎实学识、有仁爱之心。这就是新时代“四有”好老师的标准。课程思政建设，是用思想政治教育的理念、内容和方法对教师进行再塑造的过程，是使专业教师强政治、深情怀、广事业、正人格的一个过程，对教师的个人发展具有十分重要的推动作用。

近年来，四川大学国际经济与贸易系的教师不断推进课程思政建设，在理论研究与实践探索中都取得了许多新的进展。一是在课程思政的基本问题研究方面，如对课程思政的基本内涵、方法、路径等问题有了新的认识；二是在课程思政的具体实践方面，对国际经济与贸易专业中各类具体课程如何融入思想政治教育元素进行了具体研究。在此基础上，我们整理了优秀研究成果，结集成册，以飨读者。

在此，我们也深知，对课程思政建设的探索才刚刚起步，还有许多理论和实践问题有待我们进一步探索与研究，如课程思政基本问题和研究框架的构建、课程思政建设基本经验的总结与推广、课程思政实效的评价与提升等方面还存在短板。我们也希望在后续的工作中以此为基础，进一步推进课程思政建设，共同守好专业课程建设的“生命线”。

目　　录

国际贸易类专业课程思政建设中的“契合点”探讨 …………… 蒋　瑛（ 1 ）

课程改革中融入思政教育的实践与感悟

——以贸易史课程为例 ……………………………… 李　旸　高艺嘉（ 7 ）

职业形象与职业礼仪课程的思政实践探讨 ………… 吴永红　郑颖琦（ 14 ）

课程思政融入专业课教学中的互动式教学方法分析 ………… 饶　蕾（ 22 ）

课程视角的本科新生学习适应性调查与改进分析 …………… 周　俊（ 28 ）

高校经济类课程思政案例学习与思考 ……………………… 陈　忱（ 44 ）

大学英语精读思政课程的实践分析 ………………………… 陈　羽（ 53 ）

在国际经济与贸易专业课程中融入思想政治教育分析 ……… 龚秀国（ 57 ）

课程改革中融入思政教育的实践与思考

——以投资银行理论与实务课程为例 ……………… 贾　立　刘卓敏（ 62 ）

新时代背景下提升高校国际税收课程建设水平的思考 ……… 李优树（ 67 ）

新时代课程思政内涵及实现路径

——以经济学类课程为例 …………………………………… 林　垚（ 73 ）

国际金融课程思政的若干思考 ……………………………… 马德功（ 83 ）

在国际政治经济学教学中加强思政建设分析 ……………… 米　军（ 89 ）

国际贸易学课程思政建设探讨 ……………………………… 孙　瑶（ 93 ）

思政元素与大学英语课堂教学的交融分析 ………………… 王锐俊（ 99 ）

国际商务谈判课程思政建设探究 …………………………… 严　荔（104）

跨越文化价值观的差异：浅析 21 世纪大学英语教学中的课程思政

……………………………………………………………… 杨　舒（109）

国际商法课程思政教学改革探析 …………………………… 张妍妍（115）

提高课程思政参与度及质量的思考 ………………………… 邓常春（120）

国际贸易类专业课程思政建设中的“契合点”探讨

蒋 瑛

（四川大学经济学院国际经济与贸易系）

摘　要： 课程思政建设的核心是发挥各类课程的思想政治教育职能，其中的关键点在于将思想政治教育元素有效融入专业课程中，找到专业课程与思想政治教育的“契合点”，实现显性教育与隐性教育的有机统一。在国际经济与贸易类专业课程中，“契合点”来源于学生对于专业知识和思想政治教育的共同需求，统一于马克思主义理论在专业课程中的体现，服务于知识传授与价值引领的双重目标。

关键词： 国际贸易专业；课程思政；建设

“课程思政”旨在发挥各类课程的思想政治教育职能，将马克思主义理论贯穿各类课程教学和课程研究的全过程，挖掘各类课程的思想政治教育元素。专业课程是课程思政开展的重要阵地。习近平总书记指出，“好的思想政治工作应该像盐，但不能光吃盐，最好的方式是将盐溶解到各种食物中自然而然吸收”①。在课程思政的推进中，思想政治教育元素的融入就是“盐”，能够为专业课程这道“大餐”增添最重要的“风味”。而如何“放盐”，什么时候“放盐”，以及在什么地方“放盐”，则是课程思政推进中的最核心问题。

从当前的研究和实践来看，在专业课程中推进课程思政存在一些误区。一是不能机械地为了思想政治教育盲目推进课程思政。课程思政之所以具有吸引力，在于其一方面契合了学生对于专业知识的需求，另一方面也能够满足学生对于认识国情和世界、塑造价值观、建立理想信念等方面的思想政治教育需

① 张烁：《习近平在全国高校思想政治工作会议上强调：把思想政治工作贯穿教育教学全过程开创我国高等教育事业发展新局面》，《人民日报》，2016 年 12 月 9 日第 1 版。

求。脱离学生需求的思想政治教育不仅无法达成课程思政的目标，反而还会降低专业课程本身的教育效果。二是思想政治教育的融入要有重点、有取舍。不同课程、同一课程的不同阶段都可能蕴含着不同的思想政治教育元素，课程思政的建设不是均衡着力，不是不加区分地铺开，而应该针对不同课程、同一课程的不同阶段有针对性地选择和设计，尤其是结合马克思主义理论、习近平新时代中国特色社会主义思想有重点、有取舍地开展课程思政建设。三是选好“契合点”，这是课程思政建设的关键。专业性教育和思想政治教育之间如何融合，如何实现“显性教育”和“隐性教育”的有机统一，首先在于寻找专业课程与思想政治教育的“契合点”，这一“契合点”来源于学生对专业知识与思想政治教育的共同需求，统一于马克思主义理论在专业课程中的体现，服务于知识传授与价值引领的双重目标。

一、“契合点”来源于学生对于专业知识和思想政治教育的共同需求

寻找“契合点”的第一个坐标是学生对于专业知识和思想政治教育的共同需求。通常情况下，学生对于专业知识的需求是显性的，是对知识性和技能性内容的需求，在课程设计和教学设计中比较容易把握；但学生对于思想政治教育的需求往往是隐性的，甚至学生个人很难意识到这类需求。除了学生对思想政治教育的主观需求，还应该考虑国家对思想政治教育的需求，即高等教育的方向和目的问题。因此要做好课程思政建设，首先要寻找这三类需求的“契合点”。

这三类需求中，学生对专业知识的需求是相对明确的，即掌握知识和技能，提升解决专业领域问题的能力；国家对思想政治教育的需求也是明确的，即“立德树人”，培养社会主义合格建设者和可靠接班人。因此重点在于明晰学生对思想政治教育的需求。从当前的情况来看，学生对思想政治教育的需求主要包括如下几个方面：一是对政治能力的需求。对于学生来说，政治能力集中体现为辨别政治是非、保持政治定力，把握方向、把握大势、把握全局的能力，这类能力对于构建完整的个人能力体系至关重要，但难以从思想政治教育以外的途径获得。二是对正确“三观”形成的需求。习近平总书记指出：“青年的价值取向决定了未来整个社会的价值取向，而青年又处在价值观形成和确

立的时期，抓好这一时期的价值观养成十分重要。”① 思想政治教育对大学生世界观、人生观、价值观形成的作用不可替代。尤其是在互联网时代，碎片化、娱乐化倾向泛滥，学生受到大量外部信息的冲击，对如何正确形成“三观”是有比较明确需求的。三是对强健精神的需要。习近平总书记在党的十九大报告中强调，“青年兴则国家兴，青年强则国家强”。大学生是青年的优秀代表，要“兴”和“强”，首先在于精神层面的塑造，而这也正是思想政治教育的重要功能。

从国际经济与贸易类专业课程的具体情况来看，专业知识与思想政治教育的共同需求“契合点”往往体现在如下几个方面：一是通过专业知识正确认识世界，提升把握全局的能力，实现政治能力的锻炼，如通过对国际贸易基础理论、国际贸易实务、世界经济格局等知识的学习，学生能提升把握世界格局的能力，加深对“百年未有之大变局”时代背景的理解，从而加强对习近平新时代中国特色社会主义思想的学习。二是通过专业知识培育大学生正确的世界观、人生观、价值观，如通过对国际贸易争端、世界经济变革、国际金融发展等方面理论的学习，学生能加深对“一带一路”“人类命运共同体”“更高水平的对外开放”等观念的理解，塑造更加全面和符合时代需求的世界观、人生观、价值观。三是通过对中国面临的国际贸易争端、跨国企业管理、全球治理体系变迁等内容的学习，学生的爱国热情和奋斗热情得以激发，实现精神层面的塑造。

二、“契合点”统一于马克思主义理论在专业课程中的体现

习近平总书记指出：“坚持以马克思主义为指导，是当代中国哲学社会科学区别于其他哲学社会科学的根本标志，必须旗帜鲜明加以坚持。”② 课程思政的建设正是坚持马克思主义对哲学社会科学指导的重要体现。同时，习近平总书记也指出：“马克思主义经典作家眼界广阔、知识丰富，马克思主义理论体系和知识体系博大精深，涉及自然界、人类社会、人类思维各个领域，涉及历史、经济、政治、文化、社会、生态、科技、军事、党建等各个方面。”③ 这说明，马克思主义在哲学社会科学具体学科中有着充分的体现，是课程思政

① 习近平：《青年要自觉践行社会主义核心价值观》，《人民日报》，2014 年 5 月 4 日第 2 版。
② 习近平：《在哲学社会科学工作座谈会上的讲话》，《人民日报》，2016 年 5 月 19 日第 2 版。
③ 习近平：《在哲学社会科学工作座谈会上的讲话》，《人民日报》，2016 年 5 月 19 日第 2 版。

“契合点”的重要来源。

马克思主义理论在专业课程中集中表现为马克思主义的立场、观点和方法。马克思主义经典作家多次强调，马克思主义不是教条，而是研究问题的方法和指南。这一研究方法应该融入各个专业课程中去。

所谓立场，是研究事物的视角问题，是研究的落脚点。以国际经济与贸易类专业课程为例，站在资本主义立场或霸权主义立场上研究问题和站在“人类命运共同体”立场上研究问题，站在维护资本主义制度、维护资本的利益角度研究问题和站在人民的立场、维护人民的利益角度研究问题，必然得出不同的结论和政策，通过这样的对比研究，可以生动地向学生阐释马克思主义的研究立场。

所谓观点，习近平总书记指出：“观点，是人们对事物的看法。马克思主义观点是马克思主义关于自然、社会和人类思维规律的科学认识，是对自然界规律和人类社会实践经验的科学总结，体现在马克思主义哲学、政治经济学和科学社会主义这三个组成部分之中，涵盖面非常广泛。”① 马克思主义的观点有哲学层面的历史唯物主义和辩证唯物主义观点，也有涉及经济、社会、军事等具体领域的观点，如马克思主义政治经济学关于产权、分工、商品、货币、资本、土地等方面的观点。马克思主义的观点与非马克思主义的观点在研究具体问题时会有明显的区别。如在世界经济的理论中，马克思主义的观点将经济危机和金融危机归结为资本主义基本矛盾和以私有制为主体的资本主义经济制度，触及了问题的本质；而西方新自由主义的观点则将其归结于金融领域操作层面的失误，凯恩斯主义则认为是源于自有资本主义的某些体制机制，这都没有正视问题的本质。进行观点层面的对比是增强学生“四个自信”的重要方法。

马克思主义的方法包括矛盾分析、系统分析、运动分析、阶级分析、历史唯物主义等多种具体的方法论，在经济学领域还有具体的数学方法、文献研究方法和社会调查方法等，这些方法在专业课程中的具体体现也是“契合点”的重要来源。如与当前西方经济学过分重视数学模型方法不同，马克思认为只有抛开互相矛盾的教条，去观察构成这些教条的隐蔽背景下的各种互相矛盾的事实和实际的对立，才能把政治经济学变成一种实证科学。马克思认为实证的科学也并不是开展不切实际的“数学理论模型”，而是从实际出发，注重事实。

① 习近平：《深入学习中国特色社会主义理论体系　努力掌握马克思主义立场观点方法》，《学习时报》，2010年3月8日第1版。

具体到国际经济与贸易类专业课程中，在学生学习国际贸易和世界经济经典理论的同时，从马克思主义方法论的角度探讨和剖析西方理论的局限性，帮助学生从实践中掌握马克思主义的方法，可以成为课程思政建设的“契合点”。

三、“契合点”服务于知识传授与价值引领的双重目标

课程思政建设的目标在于同时实现知识传授与价值引领两个目标，因此寻找“契合点”也应该依托于这个双重目标，寻求能够同时实现双重目标的最佳角度。

知识传授往往是专业课程教育的主要目标，在课程建设和教师教学中受到广泛重视，通过知识体系建构、实践教育、技能训练等多种丰富的手段和方法确保学生较为扎实地掌握专业知识和实践技能，同时其具有比较成熟的评价体系，能够简便地实现效果反馈；但价值引领在传统上往往并不是专业课程教育的主要目标，长期受到忽视，同时也缺乏有效手段和评价体系，无法在课程教育过程中体现出价值引领的成效，造成现阶段双重目标的失衡，这也是课程思政建设需要解决的关键问题。

专业课程价值引领目标的实现有如下几个可能的途径：一是将知识传授与时代背景紧密结合，解答“时代之问”。专业课程所传授的知识往往是经过多年积淀后的经典理论，具有特殊的时代背景，与学生的联系不够密切，难以对当代的青年学生形成价值引领。只有将经典理论与时代背景相结合，才能解答“时代之问”。将专业知识放在所处时代的大背景中，就会有新的活力，能够对学生形成价值引领。二是将专业知识与社会热点紧密结合，解答“热点之问”。社会热点实际上是社会价值取向的体现，对学生的价值取向有着重要的影响，能够通过运用专业知识分析社会热点，解答学生对社会热点的疑问，可以从问题视角实现对学生的价值引领。三是将专业知识与学生的个人发展相结合，解答“人生之问”。个人发展与学生的价值取向有着重要的相互作用，通过专业知识解决学生在个人发展中遇到的困惑，能够将正确的价值取向融入学生的个人选择中去，实现对学生的价值引领。

《高等学校课程思政建设指导纲要》明确指出了课程思政建设的主要内容包括“推进习近平新时代中国特色社会主义思想进教材进课堂进头脑、培育和践行社会主义核心价值观、加强中华优秀传统文化教育、深入开展宪法法治教育、深化职业理想和职业道德教育”五个方面，而经济学类专业课程思政建设的目标在于“帮助学生了解相关专业和行业领域的国家战略、法律法规和相关

政策，引导学生深入社会实践、关注现实问题，培育学生经世济民、诚信服务、德法兼修的职业素养”①。通过寻找学生对于专业知识和思想政治教育的共同需求、挖掘马克思主义理论在专业课程中的体现以及满足知识传授与价值引领的双重目标，能够较准确地定位思想政治教育与专业课程的“契合点”，进一步推进课程思政建设。

参考文献：

[1] 陆道坤. 课程思政推行中若干核心问题及解决思路——基于专业课程思政的探讨 [J]. 思想理论教育，2018 (3)：64—69.

[2] 高燕. 课程思政建设的关键问题与解决路径 [J]. 中国高等教育，2017 (Z3)：11—14.

[3] 朱强，谢丽萍，朱阳生. 财务管理专业“课程思政”的理论认识与实践路径 [J]. 学校党建与思想教育，2019 (6)：67—70.

① 《教育部关于印发〈高等学校课程思政建设指导纲要〉的通知》，http://www.moe.gov.cn/srcsite/A08/s7056/202006/t20200603_462437.html。

课程改革中融入思政教育的实践与感悟

——以贸易史课程为例

李　旸　高艺嘉

（四川大学经济学院国际经济与贸易系）

摘　要：培养什么人、怎样培养人、为谁培养人，是高等教育的根本问题。相比其他专业，国际经济与贸易专业从其自身学科特色上更有必要加强学生的思政教育，使专业课程与思政课程形成协同效应，培养学生正确的价值观和道德素养。本文从国际经济与贸易专业实施思政教学改革的必要性出发，分析国际经济与贸易类课程开展课程思政教学的优势与重要性，并以通识选修课程贸易史为例，系统展示了国际经济与贸易类课程开展课程思政教学的设计方案，包括案例教学、课堂讨论、角色学习等。依托该课程的实践，本文对深化课程思政建设提出了进一步的创新建议。

关键词：课程思政；贸易史；专业课程

引言：课程思政的重要性

“一年之计，莫如树谷；十年之计，莫如树木；终身之计，莫如树人”，人才是一个国家长久发展的根本源泉，人才的重要性不言而喻。创新是引领发展的第一动力，创新驱动实质上是人才驱动。因此培养什么样的人，关系着一个国家未来发展的前途，而教育正是关键。教育的最终目的就是帮助学生形成正确的世界观、人生观、价值观。

习近平总书记在2021年全国高校思想政治工作会议上指出：“要用好课堂教学这个主渠道，思想政治理论课要坚持在改进中加强，提升思想政治教育亲和力和针对性，满足学生成长发展需求和期待，其他各门课都要守好一段渠、种好责任田，使各类课程与思想政治理论课同向同行，形成协同效应。”① “课程思政”就是对习近平总书记所要求的“同向同行”和“协同效应”的一种积极响应，其要义在于强调高校各类课程都要发挥思政教育作用。习近平总书记还强调“高校的立身之本在于立德树人”，“要坚持把立德树人作为中心环节，把思想政治工作贯穿教育教学全过程，实现全程育人、全方位育人”。② 这对于高校坚持社会主义办学方向，培养德智体美全面发展的社会主义建设者和接班人具有重要的指导意义。

与其他专业相比，国际经济与贸易专业进行课程思政改革具有特殊必要性。第一，从学科归属来看，国际经济与贸易专业属于社会科学，在教学过程中必然涉及意识形态范畴。在社会科学中，很多问题的分析以价值判断作为依据，同一问题在不同的价值观下会得出不同的结论，而中国与西方的价值观具有巨大的差异。培养学生具有正确的价值观，就必须在专业课程教学中持续融入思政教育。第二，从专业属性来看，国际经济与贸易专业具有很强的涉外属性，学生在毕业之后将赴对外贸易和涉外经济部门就业，或服务于外资企业，在工作中要处理中国与其他国家之间的经贸往来事务，与不同国家的人打交道。培养学生在涉外事务中做出正确的选择，也需要在专业教育中持续融入思政教育元素。

目前思政类课程主要是以公开课的形式进行，对学生理论灌输多，实践训练少，导致学生缺乏必要的社会经验和主动思考的习惯。因此思政教育必须转变认知教育的观念，树立实践教育的观念，让学生依靠自己的智慧积极自主地思考。

本文以贸易史课程为例，说明如何在课程实践中融入思政元素，让学生真正地在学习专业课程的同时思考千年贸易发展史、中国在世界经济中的地位以及中国对外贸易发展中存在的痛点和难点。贸易史课程目标是培养学生的自主学习能力。课程内容包括贸易的起源与原因、古丝绸之路与“一带一路”、贸易发展史以及贸易战的本质等多个版块，在讲授各个版块理论知识的同时，让学生提前阅读资料和相关文献，课前有充足的知识储备，能自主选择案例并运用理论进行分析。同时让学生学会从历史和人文角度去分析问题和解决问题。总之，专业课程思政中应该充分挖掘其蕴含的思政教育元素，努力将思政贯穿

---

① 张烁：《习近平在全国高校思想政治工作会议上强调：把思想政治工作贯穿教育教学全过程 开创我国高等教育事业发展新局面》，《人民日报》，2016 年 12 月 9 日第 1 版。

② 习近平：《习近平谈治国理政》（第二卷），外文出版社，2017 年 10 月，第 376～377 页。

于教学全过程。

一、课程目标与设计

高校通识教育的使命可以从多方面去界定，比如完善学生的知识结构，拓展学生的多学科视野，培养学生的人文素养和科学精神等。但通识教育不仅仅是知识教育，也不是一般的思想教育。通识教育是有“灵魂”的，其根本使命恰恰就在于思想的或精神的引领。

课程思政是课程与思政教育二者的叠加或者复合，明确这一概念要从四个方面着眼：课程、思政教育、课程与思政教育的结合原理、课程与思政教育的结合背景。落实立德树人的根本任务，必须将价值塑造、知识传授和能力培养三者融为一体、不可割裂。从课程角度来看，课程思政是一个系统的体系，是基于教育对象的身心特征，通过科学规划和系统设计，使思政教育与专业课程设计及实施紧密结合。因此，贸易史课程改革的目标就是让学生正式成为学习的主体，主动从贸易发展史思考国际贸易带来的现代文明与现代生活方式的变化。

（一）课程目标

贸易史课程思政的设计与实践在大类上属于国际经济与贸易类课程，应该遵循自身的学科归属和专业属性，利用其与国际时事政治结合紧密、方便进行国际比较的课程优势将相应的思政元素纳入教学中，有针对性地进行教学目标设计。根据学科归属、专业属性和教学内容的优势，该课程的思政教学目标应该包括以下几点：

（1）使学生了解国际经济与贸易和经济全球化中的中国价值观和贸易观：开放、合作、包容。同时通过对 15 世纪地理大发现以来国际贸易正式开展的学习，让学生知晓贸易发展的历史。

（2）使学生理解贸易发生的成因及其背后的经济学逻辑，以及国际竞争中的中国优势和处理时代困境的中国智慧。

（3）通过对中国和其他国家经贸领域发展的对比，培养学生对中国特色社会主义的“四个自信”和家国情怀。

（4）使学生领会中国对外开放的基本国策，深入理解“一带一路”“人类命运共同体”的精神内核。

（二）教学方法

贸易史课程的思政教学方法设计应遵循国际经济与贸易专业的学科归属和专业属性，充分发挥其教学内容的优势。国际经济与贸易类课程在开展课程思政时可采用以下几种教学方法：

（1）理论联系实际。将国际经济与贸易理论和现实中的经贸现象、事件结合起来进行分析。根据现实中的经贸现象、事件设计模型，推导出国家之间经贸交往的模式、结果、现象的成因等，使学生学会运用经济学理论分析和解决现实问题，并深刻理解现实问题背后的经济学逻辑。

（2）案例教学法。以现实中的经贸现象、事件为案例，通过对时事热点问题的追踪分析，引发学生兴趣，拉近理论与现实的距离，借此使学生加深对理论模型的掌握。在案例分析中进一步介绍中国在世界贸易和经济全球化中的立场和态度、解决经贸问题的中国智慧等，培养学生胸怀祖国、面向世界的情怀和价值观，理解中国的大国担当和大国自信，使学生树立包容、合作的贸易观和世界观，并深刻理解对外开放的基本国策和“一带一路”“人类命运共同体”等倡议。①

（3）对比分析法。在教学中，通过对中国和其他国家经贸领域发展情况进行对比，说明中国正处于朝气蓬勃、昂扬向上的发展期，与一些国家已步入下降通道形成了强烈反差。这一对比结果可使学生进一步增强对中国特色社会主义的“四个自信”和爱国主义情怀。

（4）互动讨论法。组织课堂问答、讨论，特别是针对中国对外经贸中的典型案例，让学生搜集案例和事件中的实际信息和数据，并在课堂上组织相关讨论，调动学生积极主动性，提高学生参与度和接受度，增强学生思政理念。

（三）教学案例

考虑到“贸易史”课程属于国际经济与贸易类课程，其教学内容包含了历史、文学、政治学以及经济学等，因此首先需要树立正确的价值观，客观地评价中国以及其他国家在各个时期的贸易发展政策。教授课程之前应该先进行深入翔实的课程设计，将近期热点知识作为具体案例进行专题讨论。

例如在讲解贸易战的时候，首先应通过提问式教学法引导学生思考贸易战

① 郝凯、尚会英：《国际贸易类课程的思政教学设计探索》，《对外经贸》，2020 年第 11 期，第 140～143 页。

的有利和不利影响。在学生各抒己见后，教师应该说明中美贸易摩擦反映了全球经济发展的新趋向，但又暴露出人们对世界贸易史的一些基本问题存在认识误区。在世界贸易发展史上，贸易保护主义的历史比自由贸易的历史更为悠久；在资本主义扩张中，自由贸易与贸易保护主义通常相辅相成；贸易保护主义及贸易战是世界经济危机与大国霸权收缩阶段的正常现象和必然结果；贸易战通常是一个长期过程，几乎很难实现速战速决。因此，中美两国应该共同维护双方的核心利益，明确贸易战的根源是在经济动态的发展过程中，比较优势逐渐趋于一致，两个国家原本由市场互补的状态转变为在统一市场相互竞争，争夺市场份额。发展较快的国家会选择倾销等方式，而发展较慢的国家会采用贸易保护主义。列举历史上一些改变历史走向的贸易战，比如中国历史上管仲的“买鹿制楚”、英国的重商主义经济政策、美国的斯穆特－霍利关税战等都曾显著影响了世界经济的发展。

因此针对目前的中美经贸摩擦，我们要跳出孤立看待中美经贸摩擦的局限性思维，把中美经贸摩擦放到世界历史的广阔视域中来认识，从世界贸易的发展历史和规律来把握，汲取历史经验教训，避免战略误判。

二、持续深入推进课程思政的建议

（一）课程教材的建设

从“超星数字图书馆”数据库搜索结果来看，收录的1978年改革开放以后出版的书名包含贸易史或商业史的著作，除去作者重复的，不足30部，而作为教材的更是屈指可数。不仅教材数量有限，从出版年限来看，出版时间主要在20世纪80年代与90年代，即1998年专业目录调整之前。因此，在“课程思政”的背景下应该加快编撰贸易史相关教材，对教材规模进行扩容，扩宽高校教师和学生教材选择面。此外，还需将贸易理论的发展与贸易史实相结合，出版专题资料，以提高高年级学生在贸易史课程学习中理论思考与史学思维的能力。对于低年级通识课程的教材编著，要注重现实问题的导向与教材的可读性，从而更适合无专业基础的低年级学生在满足兴趣需要的同时，从历史视角对现实贸易问题进行阅读与思考；并在教材中加入新时代下中国经济发展的最新动态，让学生学会分析中国对外经贸的发展情况和趋势。

（二）课程思政方式和内容形象化

应该通过导入问题、情景式讨论、深入分析问题、解决问题等教学思路，将思政内容融入专业课程中。也可以通过B站、知乎等新媒体寻找课程思政素材，在不断创新中提升课程思政的质量。

坚持在传统课堂的基础之上，优化整体的教学过程，以网络化平台的介入实现教育的持续化发展。重视挖掘“互联网+课程思政”的新常态，以网络化途径提升教学课堂的感染力，真正让学生从不同维度阐述自己对贸易发展史的观点以及中国经济发展与对外贸易的关系。

（三）提升教师素养，抬升整体的“课程思政”教学水平

教师是“课程思政”的实施者。没有教师的积极参与和支持，任何教学过程的改革都不会成功。教学实践是课程建设与改革的最终目标。知识在传播中的价值和积累，将直接影响改革实施的效果。因此思政教育课程建设离不开教师。首先，教师只有提高自身技能，才能更好地引领新媒体时代的学生。教师作为一个以道德为主导的重要群体，应坚持科学引导、以身作则，对学生产生积极影响。其次，当教师充满激情、对美好生活有美好向往时，也会对学生产生无形的影响和感染。无论是思政课教师还是非思政课教师，都要转变教学观念，特别是国际经济与贸易类教师，要提高思政教育在课程中的地位，增强人文社会科学教育功能，不断丰富教学数据库，正视“课程思政”的重要性。以学生为本，结合学生特点进行科学的指导，以学生的需求为课堂设计的主要因素，根据时代的发展制定创新的学习主题，激发学生的学习兴趣。教师有责任也有义务实现教学资源的深度挖掘，在不同课程资源建设的基础上，尊重不同学科的特点，发现优势，弥补不足，吸收和借鉴思政教育理论课的教学经验，形成“课程思政”的教学指导思想，增强思政教育的系统性。

总而言之，贸易史之于经济史犹如贸易之于经济，是一门十分重要的选修课。而课程思政是当今教育教学改革的新方向，“双一流”高校作为高等教育的排头兵，更应当积极推进思政与专业课程教学的融合，将德育内涵发挥到极致，定位德育教育的共性。针对国际经济与贸易专业课程的个性，应对怎样开展课程思政进行有效分析，通过精心设计教学内容，积极构建“课程思政”实施新常态，积极提升外贸人才的综合素养。高校要坚持以马克思主义为指导，发挥学科齐全、人才密集的优势，按照立足中国、借鉴国外，挖掘历史、把握当代，关怀人类、面向未来的思路，加快构建中国特色社会科学学科体系、学术体系、话语体系、评价体系，支撑教材体系和课程体系建设，使哲学社会科学课程，尤其是意识形态属性较强的课程，更好地帮助学生树立中国特色社会主义道路自信、理论自信、制度自信和文化自信。

参考文献：

[1] 田琼，周基．课程思政协同育人新路径：基于课程的第一堂课视角［J］．黑龙江教育（理论与实践），2020（12）：9－10．

[2] 卢晨．课程思政融入经济学专业课程教学的探索——以《国际经济学》为例［J］．当代教育实践与教学研究，2019（7）：164－165．

[3] 牟岚，刘岩，苗芳，等．国际经济与贸易专业“课程思政”的探索与实践——以《中国对外贸易概论》为例［J］．教育教学论坛，2020（13）：46－48．

[4] 章秀琴．“国际贸易理论”课程思政建设的探索与实践［J］．黑龙江教育（理论与实践），2020（6）：13－15．

[5] 余永定．中美贸易战的深层根源及未来走向［J］．财经问题研究，2019（8）：3－12．

职业形象与职业礼仪课程的思政实践探讨

吴永红　郑颖琦
（四川大学经济学院国际经济与贸易系　四川大学海外教育学院）

摘　要： 本文在高校思政工作改进与深化的大背景下，立足四川大学本科生的通识课——职业形象与职业礼仪在思政教学改革方面的实践探索，从进行思政建设的重要意义、实践模式和实施案例入手，具体通过“内容思政、案例思政、过程思政、标杆思政”授课模式，尝试价值引领和知识传授相结合的育人形式，搭建全新的职业形象课程的教育载体，构建全过程、全方位式的课程思政的教学体系，以此作为大学通识课程思政模式的有益尝试和探索。

关键词： 课程思政；职业形象与礼仪；实践模式

一、“课程思政”的缘起与内涵

在 2016 年全国高校思想政治工作会议上，习近平总书记提出“课程思政”教育理念，并在之后做出一系列的深刻论述，他强调指出，“当前形势下，办好思政课，要放在世界百年未有之大变局、党和国家事业发展全局中来看待，要从坚持和发展中国特色社会主义、建设社会主义现代化强国、实现中华民族伟大复兴的高度来对待。我们正在为实现‘两个一百年’奋斗目标而努力。未来 30 年，我们培养的人要能够完成‘两个一百年’的伟业。这就是教育的历史责任。我们党立志于中华民族千秋伟业，必须培养一代又一代拥护中国共产党领导和我国社会主义制度、立志为中国特色社会主义事业奋斗终身的有用人才”①。

---

① 习近平：《思政课是落实立德树人根本任务的关键课程》，《求是》，2020 年 9 月 1 日第 17 期。

2017年2月，中共中央、国务院印发《关于加强和改进新形势下高校思想政治工作的意见》，提出“以立德树人为根本，以理想信念教育为核心，以社会主义核心价值观为引领，切实抓好各方面基础性建设和基础性工作”①。高校思政工作在此大背景下进入全面改进与深化的阶段。

“课程思政”观念的提出，是对之前“思政课程”理念的创造性提升。“思政课程”在前期常陷于教材内容单一、教师群体固定、教法相对刻板的格局，专项思政教师的单兵作战，往往使前期“思政课程”困于“孤岛化”的窘境之中。② 而“课程思政”理念的提出，突破了固有的教育范式，将大学教书育人的社会使命全面建构于课程思政的大框架之下，在专业知识的传授中，以“润物细无声”的方式融入社会主义核心价值观的引领，使价值引导与专业知识实现同频共振，以学生易于接受的方式，改变前期单纯的输入式的理论灌输模式，改变学生对思政内容的认知态度，增强课程内容的感召力和说服力。同时也在很大程度上扭转了大学专业课堂重技轻德的现象，从而构建全过程和全方位式的课程思政的教学体系。

这一教学观理论上适用于所有高校课程，尤其是对大多数素质课、通识课而言，更是一种内容的升级和精神的升华。课程思政不会削弱原有的课程内容，也不是将思政教育牵强附会，而是将课程的知识传导性目标与培养国之栋梁的育人目标紧密结合，有意识地发现和挖掘课程思政教育点，有计划、有步骤地丰富和优化课程思政案例，最终实现全过程、全方位的立德树人教育目标。

二、职业形象与职业礼仪课程思政的重大意义

职业形象与职业礼仪是四川大学面向本科生开设的、系统培养学生职业能力和职业素养的人文通识课。课程通过系统教授和训练，引导学生深入了解职业形象塑造的基本标准，掌握职场礼仪的基本规范和沟通技能，整合相关领域的知识，打造学生步入职场前对职场礼仪的系统化认知场和实训场，从而提高职业道德修养与形象礼仪素质。

自2004年在全校开设该公选课以来，课程团队一直坚持弘扬中华民族悠

---

① 《中共中央　国务院〈关于加强和改进新形势下高校思想政治工作的意见〉》，http://www.gov.cn/xinwen/2017-02/27/content_5182502.htm。

② 孙小龙：《新时代大学生思想政治教育创新研究》，社会科学文献出版社，2020年，第88页。

久礼仪文化、倡导符合社会主义核心价值观的职业形象。随着全国高校课程思政教育的大幕拉开，职业形象与职业礼仪课程团队率先响应，迅速开启了该项课程思政教学内容的升级与教学模式的改革。

革新后的课程体系相比之前，大幅增加了人生观、职业观、幸福观的思政内容输出，延展自古至今的礼仪规范学习，对比中外形象礼仪的基本认识，形成系统化的、以社会主义核心价值观为目标驱动的课程体系，从更高角度、更宽视野和源远流长的历史中诠释职业形象与职业礼仪的课程精髓。通过近几年的课程思政实践，已经显现出下述几方面的意义。

首先，教师团队的政治觉悟和政治能力进一步提高。课程思政的教学改革，是扬弃前期思政课堂单一、专项讲授方式的重要尝试，教师在该改革过程中，需要将深藏于知识的表层符号和内在结构之下的道德与价值意义与学习者的个人经验、生命体验建立深层关联，挖掘知识所凝结的思想要素与德性修养，通过转化促进学习者个体的精神发育①，教师团队深谙，只有站在时代、知识和道德的前沿，不断提高个人道德修养和人格品质，同时深耕专业素养，才可能将深度的专业知识和正确的价值观念以融合推进的方式传递给学生。因此提升教师团队的德育意识和德育能力，构建知识传授和价值引领相统一的立体化育人体系势在必行。职业形象与职业礼仪的课程团队，不论是前期的集体备课，还是课程过程中的教学反思，包括课后教师的自我修炼和课程团队建设，均以大量阅读、研究中国特色社会主义理论体系为依托，通过讨论课程教学案例的成功经验和总结不足等方式，实现教师团队在高尚师德和精湛业务方面的同步提升，进一步提升师德师风、人格魅力和学识风范，切实让团队成为学生在道德修养上的引路人和指导者。

其次，课程思政内容与案例的日渐完善丰富，在一定程度上推进了职业形象与职业礼仪课程的教学改革。顺应“课程思政”教学改革的基本目标，教学在之前单一职业形象塑造的基础上，以立德树人为根本，坚持价值引领、能力提升和知识传授的有机结合，深入挖掘前期课程框架中的德育内涵，继承中国传统价值体系中的思想精髓，从学生职业发展的“道德形象”“行为形象”“国际形象”等要素中丰富课程内容和体系，从专业维度、社会维度和价值维度三方面入手，设计出德育教育阶梯式的推进路径，将“诚实守信”“敬业专业”“工匠精神”“大国风范”“文化自信”等体现传统价值的“人本”精神和社会

① 伍醒、顾建民：《“课程思政”理念的历史逻辑、制度诉求与行动路向》，《大学教育科学》，2019年第3期，第54～60页。

主义核心价值观的“爱国”理念，融入职业形象和礼仪的课程教学。上述的思政尝试，丰富了课程内容，优化了课程设置，将课程教育目标的思想政治、专业理论和综合素养形成三位一体的有效结合，逐步实现了“课程思政”的立体化和全方位的育人目标，完成了课程思政和专业培养目标的精准对接。

再次，课程思政效果和学生反响日趋热烈，对就业产生了非常积极的影响。由于课程的思政改革，紧扣学生进入职场、深入社会的实践性导向，改革后的课程内容聚焦政治力、正向力、执行力、责任力、团队力、形象力等内容的具体解读，倡导传承践行中国传统文化的文明礼仪精髓，引导和规范大学生的职业态度和职业风范，提供了大量可借鉴、可操作的职业规范案例，让专业课堂融入“社会大课堂”，这些真实可感的未来职业的吸引和导向，在很大程度上消除了课堂和社会间的“围墙”，让学生在校园时代有效建立了认识社会的“桥梁”。因此思政改革之后，在学生的课后反馈、课程评教、进入职场的后期成效跟踪等方面，都获得了更加正向积极的反馈。

最后，课程团队不断复盘经验和弥补不足，让现行课程体系可复制，有了一定的推广价值。课程思政的全面建设不是一蹴而就的工作，需要在课程大纲、课程体系、教学案例、教学方法等各个方面开展深入细致的研究工作，包括课程后期的总结、复盘、讨论和改进，最终形成一套以“职业形象和礼仪”为载体，引导学生将家国情怀、法治意识、社会责任、文化自信、人文情怀等核心德育元素和职业生涯相融合，全面构建职业形象和德性培养相统一的课程教学体系。课程在近几年以课程思政为引导力的改革驱动下，形成了一套较为成熟并行之有效的课程实践模式，下面将以四大实践模式为纲具体分析说明。

三、职业形象与职业礼仪课程思政的四大实践模式

（一）内容思政模式

改革后的教学内容以道德形象篇、第一印象篇、语言形象篇、行为形象篇和国际形象篇五大部分为纲，每一部分下属知识点与思政元素相结合，将学习强国 App 上的经典素材作为案例编写来源，以各行各业先进模范人物为形象标杆，精选大学生喜闻乐见的纪录片、影视作品等为模拟场景，在案例讨论、心得分享的过程中完成思想道德的价值观引领。五大篇章下属知识点、相关案例及对应的思政价值点如表 1 所示。

表1 道德形象篇核心内容示例

思政框架	知识点	典型案例	思政价值点
道德形象篇	敬业与专业	“冷面翻译”张京引发的热议	职业的基底 ——敬业专业带来的自信
	诚实守信	维系千年茶马古道的隐形基石	最朴素的沟通 ——诚实守信
第一印象篇	最美形象	《潜伏》中乡土气味的翠平美吗?	坚定的信仰 ——成就最美的形象
	个人形象	差异性个人形象的课堂研讨	个人形象 ——先于语言的第一表达
	国际形象	2022北京冬奥会的礼仪规范	礼行天下 ——行为礼仪的国际规范
语言形象篇	中国话语	全球战“疫”关口的中国声音	三个担当 ——世界舞台上的中国声音
	自豪与谦逊	屠呦呦的世界贡献与默默无闻	中国文化的人格 ——自豪与谦虚并重的品德修炼
行为形象篇	全力以赴	《把信送给加西亚》导读	不折不扣的执行力 ——成就事业的基石
	匠人精神	故宫文物“活”起来	择一事，终一生 ——躬身匠人精神
	责任与担当	《当幸福来敲门》片段解析	主动和担当 ——创造无限职业可能
国际形象篇	大国风范	中国文物专家疫情中坚守修复尼泊尔神庙	和合共生 ——胸怀天下的格局
	文化自信	“天问一号”探测器成功着陆火星	中国力量 ——文化自信的实力
	法制责任	维护国家安全和行业机密	法律红线 ——法治边界与社会责任

（二）案例思政模式

以上述内容为基础框架，为增强体系的表达力、提供真实可信的事实案例、树立可参照的榜样标杆，课程改革以案例思政的模式贯穿始终。案例选择的思政路径，主要采取三种模式：第一，时政热点的直接引入。主要以学习强国App中的典型素材，选择各行各业先进模范人物及典型时政话题作为案例来源。第二，传统文化的间接融入。将典型案例的价值精神和中华传统经典如《论语》《礼记》等的部分篇章实现关联性对比和阅读。第三，学生喜闻乐见的影视作品的内在融合。课程选取《职来职往》《非你莫属》《我在故宫修文物》等学生喜爱的视频片段，提取其中讲理性、讲操守、讲创新的部分与课程内容实现融通，激发学生的兴趣和热情。下文以"道德形象篇"中"敬业、专业"知识点的案例引导为例具体说明：

案例："冷面翻译"张京引发的热议[①]

思政核心价值点：敬业与专业带来文化自信

案例内容：

2021年3月，中美高层在阿拉斯加进行了一场激烈的交锋，面对美方的蛮不讲理，我方临危不乱，据理力争。当美方挑起争端后，杨洁篪临场反应，发表了长达16分钟的发言。杨洁篪直言："It's a test for the interpreter."（这对翻译是个挑战。）就连美方代表也忍不住笑着调侃："We are going to give the translator a raise."（我们得给翻译加工资。）但很快，美方代表脸上的笑容就逐渐凝固了，纷纷皱起眉头，开始交头接耳传起了纸条。被称为"冷面翻译""美女翻译"的张京以沉稳大气、快速精准的表达征服了全世界，充分展现了新时代中国外交人员的自信风采。她的表达，代表着国家的态度。她的言行，代表着国家的风度。大气从容、干练敏捷、优雅得体、专业知性，在重大外交场合体现着中国人的智慧与"门面"，让人赞叹不已。当众人纷纷为张京点赞时，她却意外地删除了社交账号上的所有动态，拒绝一切采访，并对外表示自己对于"美女翻译"等头衔并不关注，只想全心全意做一名专业精进的翻译。

在上述案例的讲解和引导基础上，选择《论语》中与"敬业"相关的篇章，结合传统经典进一步领会其内涵。课程选取下列内容，实现经典选读：

子曰："君子务本，本立而道生。"[②]

叶公问孔子于子路，子路不对。子曰："女奚不曰：其为人也，发愤

---

① 摘编自：《中美对话现场翻译是张京，布林肯：应该给她加薪》，https://www.guancha.cn/internation/2021_03_21_584776.shtml。

② （清）刘宝楠：《论语正义》，高流水校点，中华书局，1990年，第7页。

忘食，乐以忘忧，不知老之将至云尔。”①

子曰：“不患无位，患所以立。不患莫己知，求为可知也。”②

子曰：“百工居肆以成其事，君子学以致其道。”③

子曰：“道千乘之国，敬事而信，节用而爱人，使民以时。”④

子谓子产，“有君子之道四焉：其行己也恭，其事上也敬，其养民也惠，其使民也义”。⑤

子曰：“居之无倦，行之以忠。”⑥

子曰：“事君，敬其事而后其食。”⑦

（三）过程思政模式

在职业形象与职业礼仪课程的思政实践过程中注意到，传统思政课的灌输式讲授弱化了思政育人的实际效果，单向式的教学沟通过程常常使师生双方都处于信息孤立的状态。因此改革关注教学的过程模式，将平等性和双向性贯穿始终，采用课堂互动、作业批改反馈、一对一沟通等多渠道、全方位的过程思政模式，不放过每一个接触学生和引导学生的机会。

同时，新媒体技术的发展，为课程思政的教学沟通提供了更便捷的渠道。新冠肺炎疫情发生以来，传统课堂交流模式在一定程度上受到限制，课程适应新形势的发展，转为线上教学，通过云端完成课程思政。借助网络交流空间和平台，实现了师生之间的零距离沟通，颠覆了传统教学在同一时间、同一地点照本宣科的固化讲授、教学内容和现实生活脱节等现象，课程依靠线上交流模式，实现了师生间、学生间“随时随处”的交流、提问、互动，让教师比以往任何时间都更加全面地倾听到课堂上下的心声，不浪费每一次教学和分享思想的机会。这种借助新媒体的师生“对话”模式，带来了课程内容更多维的体验，实现了师生间更深层次的精神交流。

（四）标杆思政模式

榜样的力量对青年成长是无穷的，榜样形象的塑造是课程将思政价值润化

---

① （清）刘宝楠：《论语正义》，高流水校点，中华书局，1990年，第270页。
② （清）刘宝楠：《论语正义》，高流水校点，中华书局，1990年，第150页。
③ （清）刘宝楠：《论语正义》，高流水校点，中华书局，1990年，第740页。
④ （清）刘宝楠：《论语正义》，高流水校点，中华书局，1990年，第11页。
⑤ （清）刘宝楠：《论语正义》，高流水校点，中华书局，1990年，第188页。
⑥ （清）刘宝楠：《论语正义》，高流水校点，中华书局，1990年，第504页。
⑦ （清）刘宝楠：《论语正义》，高流水校点，中华书局，1990年，第641页。

于心的重要方式。课程采用教练式技术，引导学生寻找标杆人物，通过课程案例引导，树立榜样形象，在课程讲授和小组讨论中，让学生对标查找自身差距，内化标杆认知，进而制定改进目标，实现内在动力的行动促发，并通过上述过程思政，实现适时敦促、评估、自我复盘总结。整体形成“引导标杆人物—对标查找自身差距—制定改进目标—实施敦促行动—自我复盘总结”的标杆思政模式的闭环，并贯穿课程思政教育始终。学生在该闭环的多次引导和训练下，不仅可形成高效规范的自我训练和评估能力，而且可以切实将课程思政贯穿专业教育，在价值传播中凝聚知识底蕴，在知识传播中强调价值引领，于润物无声中实现立德树人的思政目标。

四、结语

职业形象与职业礼仪的课程教学实践，响应全国高校课程思政教育的战略方针，在职业形象和礼仪的培育和塑造中贯穿课程思政的核心价值理念，在过程中尝试突破思政理论课孤岛化的窘境，在具体实践中通过“内容思政、案例思政、过程思政、标杆思政”授课模式，尝试价值引领和知识传授相结合的育人形式，搭建全新的职业形象课程的教育载体，努力实现专业课程与思政理论同向而行的协同效应。该模式的实施获得了学生的热烈反响，改善了学生对思政课程的认知态度，也增强了思政教育的说服力和感染力，可以此作为大学通识课程思政模式的有益尝试。

参考文献：

［1］刘宝楠．论语正义［M］．高流水，校点．北京：中华书局，1990．

［2］伍醒，顾建民．“课程思政”理念的历史逻辑、制度诉求与行动路向［J］．大学教育科学，2019（3）：54－60．

［3］孙小龙．新时代大学生思想政治教育创新研究［M］．北京：社会科学文献出版社，2020．

课程思政融入专业课教学中的互动式教学方法分析

饶　蕾

（四川大学经济学院国际经济与贸易系）

摘　要：在专业课中全方位融入课程思政内容是目前高等学校教学中面临的新任务。为了更好地将专业内容与思政内容融会贯通，可运用一些实际有效的教学方法，增加师生之间和学生之间的互动，提升教学效果。

关键词：课程思政；互动；教学方法

课程思政全方位融入各专业课教学是教育部的要求，也是近年来全国高校教学中的一个重要内容。在将思政内容融入专业课教学时，有必要在教学方法上进行探索，以提升教学效果，完成教学计划。

长时间以来课堂教学的教学方法主要以传统的教师讲授为主，虽然能起到知识的传授和启发学生思维的作用，但课堂不够活跃、学生参与度不够高等问题也是常见的。在教学中有必要引入一些先进的教学方法，确保教学效果，尤其是当思政内容融入后，课堂教学效果能得到提升。

在欧美学校使用较为广泛的ICT教学法和Fish&Box课堂教学互动手段可以使课堂教学活跃起来，让学生在课堂上不仅脑子要动起来，行动要跟上来，还要求学生在课前、课后都要用功，为每一堂课做好课前准备和课后的归纳总结，提高每一堂课的学习效率。另外，现代教学设备和技术的运用加上先进的教学方法，对课堂上教师与学生和学生与学生之间的沟通和交流，对堂上与堂下任务的切换，对全过程教学和期中与期末考核评价的合理安排，对学生个人学习与团队合作的能力培养以及口头和笔头表达能力的提升等方面都有积极的作用。这些教学方法可促使学生在课前课后的学习中培养自我提升能力，使课堂教学的影响扩展到课堂以外。

一、互动式教学方法在课堂教学中的重要性分析

互动式教学方法是对传统由教师讲授为主的课堂教学的一种改革，突破课堂由教师主导和控制的局面，把学生的作用、贡献和价值体现在课堂教学中来，提高学生在课堂上的参与度，激发学生的主观能动性。在教与学的过程中，教师与学生的位置不再是固定的、单向的，而是通过教师与学生的互动使课堂教学更加灵动、更具有活力。这样的教学方式还会激发学生提高课前课后的自主学习能力，培养学生的基本科研能力、表达能力和沟通能力。但要达到这样的教学效果，互动式课堂教学就不是简单地由教师提几个问题，让学生来回答就可以完成的，而是需要精心设计和安排，才能使学生跟随教师动起来并逐渐从被动跟随转变为主动参与。尤其是当教师将课程思政内容融入专业课的教学时，如果仅仅是教师讲授，同学们很容易与形势政策课混淆，忽略了专业课的特点。在这种情况下，教师可以将与专业课内容有关的思政内容，设计为一些研讨题目，例如在“世界经济”课程中，就可在世界经济可持续发展部分设计一个讨论的专题，将习近平主席在第七十五届联合国大会上提出的中国将提高国家自主贡献力度，采取更加有力的政策和措施，二氧化碳排放力争于2030年前达到峰值，努力争取2060年前实现碳中和，以及要推动疫情后世界经济“绿色复苏”等内容①作为专题研讨的重点内容，学生可以用课前完成小论文、课堂上做展示和小组讨论的方式，将我国在全球气候变化治理中的角色和担当展现出来，不仅可以了解国际形势的发展变化，也能明晰我国的政策措施。在学生参与的研讨过程中，教师通过穿插提问、评论和补充内容，引导学生进一步思考并表达出自己的看法，这样的互动式教学法在课堂教学中对提高学生的参与度有非常明显的作用。

二、互动式教学方法在课堂教学中的问题分析

课堂互动是教师课上经常使用但常常感到使用效果不够理想的方法。尤其是在学生人数较多的班级上课时，一个学生在回答问题，别的学生不感兴趣的情况居多。即使是安排学生做展示，负责展示的小组积极参与、认真展示，但

---

① 习近平：《在第七十五届联合国大会一般性辩论上的讲话》，http://www.xinhuanet.com/politics/leaders/2020—09/22/c_1126527652.htm。

也只是小组中的这三四个学生参与，其他同学经常各做各事，事不关己。如何提高学生参与度，如何鼓励更多的学生积极地与老师和同学进行交流是互动式课堂教学法最为关切的问题。另外，如何将课堂上老师和学生的交流以及学生与学生之间的交流延展到课堂以外，使互动式教学方法的作用延展到课前和课后的工作中去，也是需要认真探讨的问题。

三、互动式教学方法在课前准备和课后巩固中的作用分析

互动式教学方法通常被理解为是一种在课堂上可以活跃课堂气氛，吸引学生注意力的教学方法。事实上，互动式教学方法不仅能够运用于课堂，还可以用于课前和课后的工作中去。

（一）互动式教学方法在课前准备中的作用分析

在课前的准备工作中，教师可以提出要求，提前布置课前需要进行阅读的内容和资料，这样一方面可以督促学生做好课前的预习和准备，另一方面还可以对有能力并且有计划读研的同学提前进行科研工作的训练。对一般的同学而言，预习工作比较简单，这样，他们就可以把时间和精力放到他们感兴趣的一些社会实践工作上去。然而，对于希望进一步深造、需要读研的同学来说，在本科阶段就能得到科研工作的培训和锻炼是非常有益的。对这一部分同学来说，教师可以对他们提出更详细的课前准备要求，指导他们学习如何寻找资料来源，如何收集有用的资料，如何分析获得的资料，如何利用可得的资料。学生则需要严格按照老师的要求进行课前准备工作。

此时，教师可以将 ICT 教学法中 I（information）和 T（technology）的内容融合进来，让学生在学会利用现代化的技术和设备进行信息的收集和利用时，掌握更多的实用技巧，获取更多有效的信息。这样一来，学习和基础的科研工作培训就结合在一起了，这对于立志要读研的同学来说，相当于提前进行了研究生入门级学习的训练，可以使他们将来在进入研究生阶段的学习时能够迅速适应研究阶段的工作。

为了将课程思政内容融入专业课的教学，教师还可以指导学生进行专项的课前阅读，如在前文中提到的要让学生了解国际形势的发展变化和我国在全球气候变化治理中的角色和担当时，指导学生在课前阅读时认真学习习近平主席在世界经济论坛、巴黎和平论坛、金砖国家领导人会议、20 国集团领导人峰会、气候雄心峰会等重大国际会议上关于中国碳达峰目标和碳中和愿景的七次

重要讲话，引导学生将专业课学习与国家、民族的责任和担当紧密结合。

（二）互动式教学方法在课后巩固中的作用分析

在课后的落实和巩固环节，教师通过布置课后作业，不仅能够了解学生对课堂学习内容的掌握情况，还可以训练学生的总结归纳能力、写作能力等。另外，课后学生与学生之间的互动，还可以将课堂上的学习活动延展到课后，如课后的小组作业就可以充分发挥同学们的积极性，训练学生的团队合作能力和沟通能力。此时，助教的协助和ICT教学法中C（communication）的运用可以帮助学生在完成学习任务时，不是简单地追求知识的掌握，而是要掌握获取知识的能力，知晓获取知识的路径和方法，更重要的是懂得个人在团队中的作用和团队合作的重要性。这样的训练有利于同学们尽早学会合作共赢的工作方式，了解在完成工作任务时与人交流和沟通的重要性。

四、互动式教学方法在课堂教学中的作用分析

互动式教学方法最突出的作用表现在课堂教学中，教师可以在课堂上运用不同的互动技巧和手段，活跃课堂气氛，营造良好的氛围，刺激学生的反应，调动学生的积极性，提高学生在教学活动中的参与度。

（一）互动式教学方法对提高学生参与度的作用分析

互动式教学方法在课堂教学中对学生的参与度提高有非常明显的作用，尤其是把Fish&Box（F&B）这个具体的教学手段和ICT教学法融合利用，可以使课堂互动效果更佳。首先，教师可以利用现代信息教学设备和技术提高教学质量，同时还要特别关注师生之间和学生与学生之间的沟通和交流。在课堂教学中，教师需要对整个课堂的氛围和节奏进行掌控，使之张弛有度，同时还需要调动学生的积极性，使学生能够主动参与课堂教学。

此时，国外教师在课堂上使用的F&B教学手段可以很好地帮助教师调动学生积极性，增强学生的课堂参与程度。这个教学手段就像玩游戏一样，把负责做展示的学生视为在盒子里的“鱼”，“鱼”在盒子里游动，而盒子外则是观看“鱼”的其他学生。盒子外的部分学生会被指定为观察者，其任务是要盯住他的“鱼”，反馈“鱼”的情况，提出自己的问题。这样一来，学生间的互动就真的“动”了起来，课堂上的气氛也可以活跃起来。还可以根据课堂的特点，增加一些内容，创造性地利用现代教学方法。比如在F&B教学手段使用

时，可以增加“鱼”的顾问团，在“鱼”进入盒子前，也就是说在做展示或发表演讲的准备阶段，可以指定 3 至 4 名学生作为他的顾问团，对他的题目给出建议或提出要求，希望他的展示或演讲中包含哪些内容，回答哪些问题。于是，在课前学生的互动就开始了，而在课中进行时，顾问团会根据“鱼”对他们提出意见的反馈情况给予评价，这样，顾问团与观察者一起带动其他同学投入课堂教学中来，不仅可以让盒子中的“鱼”和盒子外的观察者、顾问团互动，还可以将学生间的互动发展为师生间和学生团队之间的互动，比如教师可以提出问题让学生团队支持或反对“鱼”的观点，由此提出不同的看法；亦可进行辩论，让更多的学生积极参与进来。另外，不仅仅可以让观察者盯着盒子里的“鱼”，还可以让“鱼”跳出盒子来“咬”围观者，当盒子里的“鱼”向围观者发起“进攻”时，就会让其他学生处于一种紧张状态，因而不会让他们游离于课堂教学的边缘，更不允许他们报以事不关己的态度了。当课堂教学用开放和发展的心态来引入现代教学方法时，这些教学方法就可能更贴合学生的需求，取得更好的教学效果。

（二）互动式教学方法对调动学生积极性的作用分析

当互动式教学方法使得更多的学生参与到了课堂教学的各个环节时，不论其是主动参与还是被动加入，都可以促使学生更加积极地动脑动手，融入课堂教学的氛围中。学生逐渐从被动跟随走向主动加入，就是他们进步和成长的过程。为了督促他们更积极努力地加入各项课堂教学的活动中，需要跟进课堂表现的记录。每一次讨论课可以安排 1 至 2 名学生作为课堂秘书，分工负责记录课堂日志，并要求全班同学配合秘书的工作，课后将自己发言的内容补充完善后交给秘书记入课堂日志，这样做一是可以减轻课堂秘书的工作，避免遗漏；二是可以让大家课后复习课堂上的学习内容，巩固学习效果；三是促使学生更多地参与其中，因为学生们都会希望在课堂日志中有自己参与的记录。因此无论是在课堂上的表现还是课后的提交记录，大多数学生都会积极参与，毕竟课堂日志记录的学生表现情况可以作为对学生考核和评价的基本支撑材料，从而避免了过分依赖期末考试来评价学生的成绩，使得学生在过程考核中各个阶段的表现都能够得到更为公正的评价，由此可以更有效地调动学生参与课堂教学的积极性。

（三）互动式教学方法对促进学生表达和交流能力的作用分析

互动式教学方法对学生的表达能力和交流能力的提升效果是十分明显的。课堂展示部分要求学生不得照本宣科读稿子，必须脱稿演讲。不过有些学生会想办法应付，不让手里拿着稿子念，那么他就在 PPT 放上满屏的文字照着 PPT 念，于是展示的学生脸朝着屏幕用后脑勺对着大家，而同学们各自低头做自己感兴趣的事情。对这样的展示，教师必须明确提出具体的展示要求：脱稿；面对同学们；PPT 只需要给出关键词和句子，不能出现满屏文字等。这样的要求，可以逐步教会学生用自己的话语更生动自然地表达自己的观点，用讲述的方式而不是背诵的方式来做展示。当教师对学生提出的要求十分具体时，学生就不太可能敷衍了事，可以促使学生在课前准备时不仅关注书面材料的丰富，还要对口头表达能力进行训练。学生小组的团队活动可以帮助那些特别不善于口头表达的学生为了完成团队的展示而努力准备。团队成员的相互帮助和合作，可以使学生之间的沟通和交流得以加强，使课堂教学延展到课前课后，还可以培养学生的团队精神和集体荣誉。

这些互动式教学方法还可与传统的教学方法结合使用，如在组织教学、复习前课、进入新课、巩固落实和布置课后作业这一系列的传统教学法中，将布置课后作业与现代教育方法中对课前信息的收集和准备相结合，在组织教学中引入各种生动活泼的教学手段，把复习前课设计为师生互动和学生间的互动问答，把课前准备收集的问题作为引入新课的切入点，用研讨式教学法将新课与旧课连接，启发学生的思维，训练学生利用已经掌握的专业基础理论和知识来分析问题，包括分析那些课程思政涉及的问题。在研讨的过程中引导学生学会吸取众家之长，从他人的观点和意见中寻找到可以激发自己灵感的主意。总之，新旧教学方法的使用，并不是非此即彼，而是相互交融、相互渗透、相得益彰。

参考文献：

[1] 柴艳萍．高校思政课教学方式方法改革再思考［J］．思想理论教育导刊，2017（9）：115－119．

[2] 崔慧霞．角色互换——思政课教学方式探讨［J］．中山大学学报论丛，2007（2）：114－116．

课程视角的本科新生学习适应性调查与改进分析

周　俊

（四川大学经济学院学生科）

摘　要：本科新生如何能够更好适应大学阶段的学习，是本科教学质量提升的重要问题。除考虑学生个人特征以外，课程的影响也尤为重要。本文针对780位本科低年级学生进行了课程适应性调查，发现本科新生普遍存在课程适应性问题，且不同类别课程适应程度存在差异，数学类课程适应程度较差。通过有序Probit模型进行的定量分析显示，学生个人特征（如年级、文理科、性别）和课程因素（如学生对课程的兴趣、需求匹配情况、教学方法、教学进度、教学目标）等均会对学生的课程适应性产生影响，且在不同课程类别之间存在差异。针对分析结果，本文提出了注重新生的课程兴趣培养、调整课程使其符合学生对课程内容的需求、对课程特点分类施策、对学生特征因人施策和注重新教学手段使用中的适应性评估等改进建议。

关键词：大学；课程；适应性

引言

本科新生的适应性研究是本科生教学质量提升研究中的热点问题。在本科新生的适应性研究中，对于新生的心理适应性、学习适应性的研究较多，这些研究大多以学生为中心进行研究，涉及的方面包括学生的家庭背景、成长环境、学习态度、学习方法等。这类研究有利于从学生的角度进行针对性的教育和提高，但仅仅考查学生的一个方面是不够全面的。从课程的角度研究本科新生对课程的适应性，可以将这一适应性研究更加深入、更加具体、更加有针对性地凸显出来，同时结合具体课程的案例进行研究和实践，从另一个角度来改进教学质量，提升教学水平。

在工作实践中，本科新生对课程的适应性反馈是最强烈也最具有代表性的，这一适应性的冲突并不是简单的“从高中到大学”的转变过程，还包括课程教学设计、教学目的、教学手段、教学进度和教师个人教学习惯等多个方面的问题。由于大学教师相对缺乏教育学的系统训练，以至于新生对课程的适应性出现较大的个体化差异。因此，研究本科新生对课程的适应性具有较为重要的理论意义和实践价值。

一、国内研究现状

国内对于课程的适应性研究不多，类似研究主要集中在新生的适应性方面，其中有部分涉及课程相关内容，当前主要有如下几个方面的研究成果。

（一）本科新生的学习适应性表现

当前对本科新生的学习适应性表现研究是较为普遍的，通过问卷调查等方式获取了大量的数据。黄艳等（2013）通过对湖北省 12 所高校 2642 名大学新生的问卷调查，归纳了新生学习适应性在学习环境、内容、方式三个方面的表现，并认为在新生入学一学期左右，不适应的比例达到 26.42%，但其没有进一步针对课程等问题进行深入研究。周湘莲、张卫良（2013）等对中南大学 750 名大一学生进行了学习适应性问卷调查，认为大学新生的学习适应性状态处于中等偏上水平；在性别上不存在显著差异，但在学科上存在显著差异。吴铁钧等（2009）利用修订的《中国大学生适应性量表》进行了 338 个样本的调查，认为新生的学习适应性随时间呈现倒“N”字形变化，存在“虚高”和“虚低”的情况等。该类研究的特点是，将新生的“学习适应性”作为“适应性”中的一个部分来研究，基本上没有深入探讨，只给出了学习适应性的表现或变化等特征性描述，没有分类地深入研究这些表现出现的原因。

（二）本科新生学习适应性的影响因素

在这一方面的研究，当前国内普遍采用《中国大学生适应性量表》进行调查，并借鉴了一些国外的分析框架。其中 Simon 等（1995）以信念、情感和行为为基本维度，从害怕失败、考试焦虑、考试准备、注意质量、同伴帮助、求助教师、学习优先、有效的学习方法和学习容易度等九大因素来评估大学新生的学习适应性；冯廷勇、李红（2002）认为大学生学习适应的主要因素包括学习动机、教学模式、学习能力、学习态度、环境因素等五个方面；周之良（2006）把大学生适应性归结为学习动力和学习行为两个维度，自主管理、方法运用、专业兴趣、压力调节、求助倾向、信息利用、环境选择和知识转化共八个因素。这些研究为进一步分析本科新生的学习适应性提供了可供参考的框架。此类研究提出的“影响因素”也大多较为宽泛，对具体实践的指导不够明确。

（三）本科新生学习适应性的改进措施

如何提高本科新生的学习适应性，也是当前研究的一个热点。陈丽等（2011）认为专题团体辅导和个别咨询相结合的教育模式对提高大学新生的学习适应能力具有重要作用；吴铁钧等（2009）认为入学教育的设计最好能瞄准相关的适应性维度，在适应性的波动期内有序地逐步推进，以解决学习适应性的波动性问题；周湘莲、张卫良（2013）提出了强化专业教育管理和完善教学运行管理两大类具体措施以提升学生的学习适应性；黄艳等（2013）提出了构建系统高效的新生教育体系的措施；李云驰等（2012）提出了构建“辅导员—专业教师—班主任—优秀学生”的立体化工作体系，以提升学生的学习适应性等。这些研究普遍忽视了在学生学习适应性中作为中心存在的“课程”的作用，没有提到课程与学生学习适应性之间的关系以及由此带来的改进方法。

（四）以课程为中心的新生学习适应性研究

当前以课程为中心的本科新生学习适应性研究比较少见，只在英语课程教学领域有较多研究。如杨小华（2007）提出的研究型教学在大学英语教学中的探索与实践、吕娜（2014）提出的英语教学的全球性适应与本土化演变相融合、孙丙堂（2008）提出的与自主学习相适应的大学英语自主教学模式的构建等，都着眼于英语课程的改革以提高其与本科新生的适应性。还有大学计算机、大学语文等基础公用课程有少量研究，但都缺乏一个具有完整分析框架和普遍意义的课程与新生学习适应性关系的研究。

总的来看，当前国内对于“如何让课程更加适应大学新生学习”这一问题讨论得还不多，主要还是集中在学生个人的素质能力和习惯养成方面。现有的以课程为视角的研究也大多局限在英语等某些特定课程层面，没有从学生完整的课程体系角度出发来进行探讨。尤其是在注重高中与大学的衔接、学生的差异性等方面关注得还不够，这也是本文重点考虑的方面。

二、问卷设计与调查

为了更加直观和全面地了解大学新生的学习适应性情况及其影响因素，我们设计了“课程视角的大学新生学习适应性调查问卷”，问卷包括 4 个部分共 24 题，除第一部分外，基本采用李克特五分量表进行调查。问卷的主要结构包括：第一部分为个人基本情况，包括性别、生源情况、高中科别、当前专业和是否为第一志愿等，以此讨论学生个人特征对学习适应性的影响。第二部分为学生对课程适应性的总体评价，分为总体评价以及对数学类、专业平台类、思政类、文化素质公选类等课程的分项评价，以此衡量课程类别对新生学习适应性的影响；同时还加入了对学习结果的调查，以方便对比“学习适应性”与“学习成果”之间的关系。第三部分为分类别适应性调查，这是本调查的核心内容。这一部分将课程分为数学类、专业平台类、思政类、文化素质公选类四类课程，对每一类课程设计了相同的 9 个问题，以考查学生因课程类别、目标、兴趣、内容、教学方法、教学速度、教材、考核以及与高中课程的衔接度等方面因素对课程的影响。第四部分主要考查学生所认为的对课程适应性的影响因素，设计了教学方法、教学安排、教学速度、教材、平时考核、期末考核、课程内容等 7 个排序选项，并针对每一类选项进一步深入调查了学生所希望的方式。

为了对比不同年级学生对课程适应性感受的差异，本调查在本科一年级和二年级分别进行。调查通过课堂在线问卷填报的方式进行，由课题组调查人员现场指导学生填写，分别回收有效问卷为：本科一年级 340 份，本科二年级 420 份。

三、调查结果分析

（一）样本的基本情况

本调查共收到有效样本 760 份，其中本科一年级 340 人，本科二年级 420 人；男生 257 人，女生 503 人。城镇应届 461 人，农村应届 216 人；城镇往届 57 人，农村往届 26 人。高中文科学生 289 人，理科学生 446 人，不分文理的学生 25 人。就读专业为第一志愿的 466 人，非第一志愿但在志愿列表中的 267 人，完全从其他专业调剂到就读专业的 27 人。

（二）学生对课程适应性的总体评价

学生对课程的适应性总体评价采取0～10分的方式计分，其中0为非常不适应，10为完全适应。从全样本的结果来看（见表1），学生对全部课程的总体评分均值为6.7184，总体来看得分较低，说明新生对课程的总体适应性不高。分科目来看，对数学类课程的适应性最低，均分只有6.2092；其次是专业平台类课程，得分为6.7921；对文化素质公选类课程的适应性最高，但也仅为7.2724；对思政类课程的适应性得分为7.0105。

表1　学生对课程适应性的总体评价得分

	全部课程	数学类	专业平台类	思政类	文化素质公选类
全样本	6.7184	6.2092	6.7921	7.0105	7.2724
一年级	6.5485	5.9364	6.5152	7.0606	6.9758
二年级	6.8488	6.4186	7.0047	6.9721	7.5000

从分年级的样本对比来看（见表1），在对课程的适应程度上，大二年级明显比大一年级的学生要更适应相关课程，这是由于经过一年的学习，适应程度有所提高。同时分类别课程来看，依然存在文化素质公选类、思政类、专业平台类、数学类课程的适应程度排序。其中值得注意的是，本科一年级的学生对于思政类课程的接受程度是最高的，甚至比本科二年级还要更高，或者说在本科两个年级，只有思政类课程的适应程度变化不大。这很可能是由于思政类课程与高中存在较好的衔接，即考虑课程与高中的衔接问题，可能会是影响学生课程适应性的重要因素。

在对“最不适应课程”的调查中，数学类课程是最多同学不适应的课程（占比53.95％），其次是专业平台类课程（占21.71％）和思政类课程（占20％），对文化素质公选类课程的不适应程度最低，只有4.34％的同学感到其是“最不适应”的课程。这与前面根据分数分析的结果一致。

从课程所花费的时间和取得的成绩来看，有87.5％的同学将最多的精力花在了数学类课程上，其次是有9.34％的同学认为专业平台类课程花时间最多。但得到的结果却非常平均，有32.63％的同学思政类课程成绩最好，24.60％的同学文化素质公选类课程成绩最好，23.03％的同学专业平台类课程成绩最好，也有19.74％的同学数学类课程成绩最好。反过来看，在成绩最差的科目中，有64.61％的同学选择了数学类课程，14.73％的同学选择了思政类课程，12%的同学选择了专业平台类课程，只有8%的同学选择了文化素质公选类课程。从这个结果来看，课程的适应性对学生成绩取得的影响机制是比较复杂的，对课程的不适应程度会比较显著地带来较差的成绩（如数学类课程），但课程的适应程度对成绩的促进作用却是相对均衡的。

（三）分课程类别的适应性调查

由于本部分的调查均采用李克特量表进行，因此可以将选项从完全同意到完全不同意分别用从5到1的自然数进行赋值，从而可以计算出每一类课程相关问题的分数均值，结果见表2。

表2 分课程类别的适应性影响因素得分

影响因素	数学类	专业平台类	思政类	文化素质公选类
这门课程的内容与我希望的一致	3.6814	3.8039	3.7053	3.8592
我非常清楚该课程的教学目标	3.7721	3.7895	3.7184	3.8382
高中我接触过类似的课程	3.4442	3.2342	3.7987	3.6171
我对这类课程感兴趣	3.4767	3.8250	3.4513	3.8368
任课老师的教学方法我能适应	3.7279	3.8289	3.7921	3.8526
任课老师的教学速度我能适应	3.6279	3.8237	3.8750	3.8816
这类课程的教材我比较喜欢	3.4349	3.6461	3.5118	3.6947
课程的考核方式我比较适应	3.6372	3.8355	3.7184	3.8632
上这门课时，我的心情是愉悦的	3.2860	3.7553	3.6145	3.8184

从平均水平来看，文化素质公选类课程的得分最高，即所有影响因素对文化素质公选类课程的影响相对更低；不同课程的影响因素有着明显区别。数学类课程让学生感到最不适应的是缺乏与高中的衔接、个人兴趣和教材，学生对这类课程的接受程度是最低的，整体感受得分只有3.286，为所有调查中的最低值。专业平台类课程的短板可能在与高中课程的衔接上，其得分也最低。思政课课程总体得分较高，短板可能在于学生对课程的兴趣。文化素质公选类课程的总体得分是最高的，可能存在的短板是教材问题。

从表2我们仅仅能从定性分析的角度来探讨各类因素对不同类别课程的影响，但无法定量地精确衡量哪些影响是比较显著的。因为即使学生对某一个影响因素的评分较低，但仍然存在该因素可能对学生的总体适应程度影响并不大的情况。因此我们需要通过定量分析的方式来进一步做深入研究。

由于学生对每一类课程的评分是从 0 到 10 的有序离散变量，我们可以构建一个有序 Probit 模型来估计各类影响因素对学生课程适应性的影响。有序 Probit 主要用于因变量为等距离散型变量的情况，适用于本调查的结果。我们建立的模型如下：

$$adaptation_i = \alpha + \beta X_i + \gamma W_i + \varepsilon_i$$

其中，$adaptation_i$ 为学生 i 对某一类课程适应性的得分，取值为 [0，10] 中的自然数；X_i 为可能对学生课程适应性存在影响的课程因素集合，包括课程内容（content）、课程目标（goal）、高中对类似课程的接触（experience）、对课程的兴趣（interest）、对教学方法适应程度（method）、对教学速度适应程度（speed）、对考核方式适应程度（exam）和对课程感知的适应程度（feeling），取值均为 1 到 5 的自然数，表示从“完全不适应”到“完全适应”；W_i 为一系列的控制变量，包括学生年级（grade）、性别（gender）、生源地（city）、文理科科别（artorsci）、专业（major）以及是否第一志愿（major），均为虚拟变量。α、β、γ 为待估参数，ε_i 为随机扰动项。相关变量的统计描述见表 3。

表 3 相关变量的统计描述

变量	观测值	均值	标准差	最小值	最大值
adaptation _ math	760	6.209211	2.280043	0	10
grade	760	1.565789	0.495979	1	2
gender	760	0.338158	0.473394	0	1
city	760	0.682895	0.465655	0	1
artorsci	760	0.619737	0.485771	0	1
major	760	0.406579	0.491519	0	1
will	760	0.613158	0.487348	0	1
content	760	3.647368	0.811231	1	5
goal	760	3.726316	0.789484	1	5
experience	760	3.376316	1.054743	1	5
interest	760	3.434211	1.034778	1	5
method	760	3.682895	0.829764	1	5
speed	760	3.592105	0.890258	1	5

续表

变量	观测值	均值	标准差	最小值	最大值
book	760	3.332895	0.944283	1	5
exam	760	3.639474	0.864477	1	5
feeling	760	3.263158	1.019809	1	5

我们分别采用全样本和分年级样本对数学类课程的适应性影响因素进行分析，采用有序 Probit 模型回归的结果见表 4。

表 4　数学类课程适应性的影响因素分析

变量	（1）全样本	（2）一年级	（3）二年级
grade	0.2829*** (0.0791)		
gender	0.0844 (0.0800)	0.2808** (0.1213)	−0.0065 (0.1092)
city	−0.0147 (0.0817)	−0.0531 (0.1263)	0.0123 (0.1102)
artorsci	0.3772*** (0.1104)	0.5324*** (0.1669)	0.3025** (0.1503)
major	−0.2758*** (0.1016)	−0.4233*** (0.1589)	−0.2069 (0.1344)
will	−0.1376* (0.0809)	−0.0477 (0.1200)	−0.1803 (0.1112)
content	0.3284*** (0.0755)	0.3146*** (0.1173)	0.3294*** (0.1028)
goal	0.0447 (0.0720)	0.0772 (0.1141)	0.0562 (0.0952)
experience	0.1239*** (0.0459)	0.1340* (0.0730)	0.1219** (0.0602)
interest	0.4070*** (0.0612)	0.4256*** (0.0948)	0.3876*** (0.0820)
method	−0.0432 (0.0766)	−0.0622 (0.1109)	−0.0024 (0.1103)
speed	0.2826*** (0.0730)	0.4737*** (0.1031)	0.1367 (0.1073)

续表

变量	(1) 全样本	(2) 一年级	(3) 二年级
book	0.0301 (0.0619)	0.1411 (0.0890)	−0.0353 (0.0898)
exam	0.1286* (0.0678)	−0.0382 (0.1045)	0.2366** (0.0931)
feeling	0.2097*** (0.0665)	0.2414** (0.1045)	0.1971** (0.0897)

注：括号中为标准误，***、**、* 分别表示在 1%、5%和 10%的水平上显著

从全样本的分析来看，年级、高中科别、专业、课程内容、课程衔接、兴趣、上课速度、考试方式和个人感受都对学生对数学类课程的适应性有显著的影响。从年级上来看，随着年级的升高，学生对数学类课程的适应性会有所提升；高中为理科的学生，对数学类课程的适应性更高；金融学类专业由于理科生更多，对数学类课程的适应性更高；此外，课程内容与学生预期的一致性会显著影响适应性，学生曾经对大学数学类课程有接触，会较大地提升学生的适应性。这些都和预期的理论分析一致。其中比较突出的一点是，教师的授课速度是否合适，会对学生造成比较明显的影响，这也提示我们需要在数学类课程上尤其注意授课速度的把握。同时可以看出，在数学类课程的适应性上，没有性别差异和城乡生源差异；教学方法、教材等因素对学生的影响不大，学生也不是很关心教学目标的适应性问题。

从分年级的分样本来看，随着年级的升高，部分影响因素变得不再显著了，说明学生会逐渐适应数学类课程的学习。但高中文理科的差别影响依然显著，此外对课程内容的预期一致性、与高中课程的衔接程度、个人兴趣、考试方式和对课程的主观感受等因素依然对学生的适应性有着较为显著的影响。

从这一分析来看，可以得出如下几个方面的结论：

第一，从学生的个人特征来看，高中文科学生和高中理科学生对于数学类课程的接受程度有较大差异，因此对于数学类课程的安排和讲授，要充分考虑到高中不同科别学生的情况，根据文科学生的适应性有针对性地进行授课。

第二，课程内容与学生预期的一致性程度严重影响学生的适应性，因此数学类课程需要对学生对课程内容的预期做充分的了解，通过调研等方式了解学生对课程内容的预期，适时做出调整，以适应学生的预期。

第三，与高中课程的衔接程度影响学生对数学类课程的适应性。在高中接触过数学类课程的同学对课程的适应性明显更高，大学阶段的数学类课程应该

更加注重与高中课程的衔接，利用一定的课时进行高中和大学数学类课程的衔接和转换，有利于提升学生的课程适应性。

第四，学生个人兴趣对数学类课程的影响巨大。从分析结果来看，对课程缺乏兴趣影响学生的课程适应性，且影响程度较大，因此提升学生对数学类课程的兴趣是有效改变适应性问题的重要途径。

第五，大学一年级的数学类课程需要重点关注教师的授课速度问题，不合理的授课速度对学生的课程适应性有显著影响。授课速度到本科二年级不再成为有显著性影响的因素，但对本科一年级的影响非常显著，需要在课程安排和讲授时注意。

第六，学生的主观感受影响课程的适应性。学生的主观感受与学生对课程的适应性显著正相关，也提示我们应该采取更多的办法来改善学生对数学类课程的负面感受，从而提高他们对课程的适应程度。

进一步地，我们可以用类似的方法考察不同类别课程的适应性。我们分为数学类课程（math）、思政类课程（political）、专业平台类课程（professional）和文化素质公选类课程（art）四类来分别进行回归分析，结果见表5。

表5 不同类别课程适应性的影响因素分析

变量	（1） math	（2） political	（3） professional	（4） Art
grade	0.2829*** (0.0791)	0.0867 (0.0787)	0.3814*** (0.0782)	0.2748*** (0.0801)
gender	0.0844 (0.0800)	−0.1557* (0.0813)	0.2092*** (0.0805)	−0.0805 (0.0805)
city	−0.0147 (0.0817)	−0.0466 (0.0819)	0.1459* (0.0818)	0.0515 (0.0816)
artorsci	0.3772*** (0.1104)	−0.2178** (0.1075)	0.0071 (0.1072)	−0.1332 (0.1044)
major	−0.2758*** (0.1016)	0.0517 (0.1012)	−0.0636 (0.1009)	0.1161 (0.1016)
will	−0.1376* (0.0809)	0.1288 (0.0815)	−0.0355 (0.0809)	−0.0380 (0.0813)
content	0.3284*** (0.0755)	0.2049** (0.0886)	0.1885* (0.0989)	0.2117* (0.1266)

续表

变量	(1) math	(2) political	(3) professional	(4) Art
goal	0.0447 (0.0720)	0.2812*** (0.0886)	0.1298 (0.0871)	0.1333 (0.1216)
experience	0.1239*** (0.0459)	0.0332 (0.0550)	0.0749 (0.0473)	0.0587 (0.0572)
interest	0.4070*** (0.0612)	0.1879*** (0.0725)	0.4656*** (0.0927)	0.2792** (0.1100)
method	−0.0432 (0.0766)	0.2726*** (0.1046)	0.0005 (0.1242)	0.0796 (0.1561)
speed	0.2826*** (0.0730)	−0.1381 (0.1042)	0.0853 (0.1041)	0.2827** (0.1412)
book	0.0301 (0.0619)	0.0402 (0.0691)	0.0027 (0.0751)	0.0343 (0.0903)
exam	0.1286* (0.0678)	0.2435*** (0.0849)	0.0672 (0.1095)	0.0611 (0.1120)
feeling	0.2097*** (0.0665)	0.1711** (0.0841)	0.1251 (0.1057)	−0.0232 (0.1152)

注：括号中为标准误，***、**、*分别表示在1%、5%和10%的水平上显著

从不同课程类别的情况来看，影响因素的显著程度各不相同。由于对文化素质公选类课程的适应程度最高，很多因素对其不适应性的影响就不再显著。但总的来说可以得到如下几个结论：

第一，学生对课程的兴趣是影响课程适应性的第一要素。四类课程中，学生对课程的兴趣这一影响因素十分显著，说明兴趣对课程适应性的影响是第一位的。改进课程的适应性，首先应该提升学生对本门课程的兴趣。

第二，课程内容符合学生预期能够显著提高课程适应性。四类课程中，学生对课程内容预期的一致性与学生对该门课程的适应性存在显著正相关关系，因此改进课程的适应性，应该注重了解学生对课程内容的预期，寻找学生预期与课程安排的契合点。

第三，课程的适应性存在时间趋势，即随着年级的升高，学生对课程的适应性会逐渐增加，这也是由于对课程接触的时间更长，对课程的了解更加深入，课程的适应性增加。但思政类课程是个例外。

第四，学生对思政类课程的适应性存在特殊性。学生对思政类课程适应性

的影响因素与其他几类课程存在比较显著的区别。一是对课程目标的了解程度能够促进学生的课程适应性，对于其他类别的课程，学生是否了解课程目标并不影响学生对课程的适应程度，但对于思政类课程，学生对课程目标越了解，适应性程度会越高。二是思政类课程的授课方法对学生适应性的影响较大，而其他类别课程的授课方法影响均不显著。三是年级对思政类课程的适应程度没有影响，反映出对思政类课程的适应程度并不会随着时间的推移而改善，要让学生更加适应思政类课程教学，还是需要从内容、兴趣、目标和方法等方面来着力。

第五，专业课和文化素质公选类课程受到其他方面的影响不显著。从专业课和文化素质公选类课程的情况来看，主要影响因素比较类似，为年级、内容与预期的一致性和兴趣，其他的影响因素普遍不太显著。在文化素质公选类课程中，学生比较在意教师授课的速度，授课进度是否合理对学生的课程适应性存在显著影响。

（四）适应性影响因素的主观调查

调查中我们还进一步调查了学生对影响适应性因素的主观感受，影响因素排在第一位是的课程内容本身，占 48.68%；其次是教师教学方法，占 33.03%；至于考核方法、教材选用等影响的占比均低于 5.00%。

在对课程内容本身的不适应原因分析中，占比最高的原因是“不知道学习方法”（占 54.74%），其次是缺乏学习动力（占 21.58%），然后是“老师讲授不清楚”（占 8.95%），“课程内容太难”和“老师讲授太快”分别占比为 4.47%和 4.34%，“对课程太陌生”只占 3.42%。从这一结果来看，大学知识的陌生和衔接问题并不是学习适应性的主因，主要原因还是集中在学习动力（兴趣）和学习方法两个方面。

此外，学生最喜欢的授课方式仍然是“教师主导的预习—讲解—习题式”（52.39%）和“教师主讲，助教答疑和帮助”式（30.66%），学生主导的翻转课堂只有 3.68%的学生选择为最喜欢的授课方式。这也提示我们需要进一步思考当前在翻转课堂等新的教学实践方面可能存在的问题。

在教材方面，学生更倾向于国内统编教材（49.08%）和教师自编讲义（23.82%），并不完全追求国外教材。在教学时间安排上，每周三个学时是同学们最喜欢的时间进度安排（46.32%），其次是两个学时（24.87%）和四个学时（23.95%）。

四、研究结论

经过问卷调查、统计分析和实证研究，针对大学生本科新生的课程适应性问题，我们可以得出如下几个初步结论。

（一）大学新生普遍存在课程适应性问题

大学新生课程适应性调查的总体均分为 6.7184（完全适应为 10 分），显示大学新生普遍存在对课程不适应的问题，其中对数学类课程的不适应情况尤为明显，对文化素质公选类课程的不适应程度相对较低。从分年级、分课程类别的分析结果来看，大学新生对课程不适应的情况主要集中于专业性较强的课程类别。

同时，由于对课程的不适应，导致大学新生对课程的时间精力分配和得到的成绩出现倒挂，普遍将最多的时间和精力用在了最不适应的课程上，但结果并不理想。有多达 87.5%的同学将最多的时间用在数学类课程上，但数学类课程成绩最好的学生只占 19.74%，数学类课程成绩最差的同学占到了 64.61%。可以看出，对课程的不适应导致学生花费了更多精力却没有得到更好的效果。

（二）学生个人特征对课程适应性存在影响

从分析的结果来看，学生的个人特征对于其是否适应某一类课程存在一些比较显著的影响，主要包括学生高中就读文科还是理科、当前专业、性别、年级等方面，同时也与具体的课程类别有关。如除思政类课程外，其他类别课程的学生适应性都会随着年级的升高而得到改善；数学类课程中，高中理科生、金融专业学生更能适应；但专业因素对其他课程无影响。性别因素对数学和文化素质公选类课程的适应性无影响，但女生和高中就读文科的同学更容易适应思政类课程，男生更容易适应专业课；是否为城市生源对课程的适应性无显著性影响。总的来看，学生的个人特征对不同课程的适应性是存在影响的，不同课程应该针对不同学生的特点有针对性地改进课程设计，提升课程的适应性。

（三）课程因素对不同课程的适应性存在不同影响

除学生个人特征会导致其对课程适应性存在不同外，在控制了学生差异后发现课程本身的因素往往更加重要。其中，课程是否能够引起学生的兴趣、课程内容与学生预期是否一致对各类课程的学生适应性均有显著影响。此外，教学目标、教学方法和考核方式对学生思政类课程适应性尤为重要，而教学速度、与高中课程的衔接则是影响学生数学类课程适应性的关键，文化素质公选类课程同样会因为授课速度影响学生的课程适宜性。从分析结果来看，不同类别课程适应性的影响因素各不相同，需要根据不同课程类别来制定不同的改进策略。

（四）学生对教学方法、学习方法和教材存在较为明显的偏好

研究结果显示，本科新生更习惯于传统的教师主导型的授课方式，对学生主导的翻转课堂等形式接受度较低；在教材方面，学生也更倾向于传统的国内统编教材和教师自编讲义，对国外教材的接受度较低；在教学速度上，学生更接受每周三个学时的教学安排；在学习方法上，学生普遍感觉比较欠缺。

五、大学本科新生课程适应性的改进建议

从调研和实证研究的结果可以看出，要促进大学新生更好地融入大学生生活，提高大学新生对课程的适应程度，更好地开展大学阶段的学习，一方面要考虑学生的个人特征因素，另一方面要注重对课程和教学的不断改进，从学生和课程两个角度来共同实现大学生对课程的适应。具体的改进措施可以包括如下几个方面。

（一）注重新生的课程兴趣培养

由于课程兴趣是对各类课程都存在显著影响的一个因素，因此要将新生的课程兴趣培养放在首位。课程兴趣培养一般可以包括如下几个方面：一是对课程意义、课程发展沿革、课程作用等课程背景内容进行系统梳理和讲授，让学生对课程背景意义等有深入的了解，增进学生兴趣；二是对课程的整体框架、课程在学科体系中的地位等内容进行专题讲解，让学生能够从全局把握课程，也有利于增进学生对课程的兴趣；三是对课程内容进行应用性方面的介绍，尤其是针对其实用性进行实践运用，可以较好地提升学生对课程的兴趣，这在文科类课程中尤为重要。

（二）调整和符合学生对课程内容的需求

学生对课程内容的预期与课程内容的不一致，会显著影响学生的课程适应

性。其深层次原因有两个方面：一是在课程设计和教学过程中对学生的预期不了解，对学生的知识需求不了解，从而导致课程内容与学生需求脱节；二是教师供给可能与学生的需求存在偏差，但课程教学中没有“纠偏”的过程，导致学生需求与教师供给脱节。因此，关键问题是学生需求与课程供给之间的结构性矛盾。解决这一矛盾也需要从两方面着手：一方面要进行学生需求的调查，根据学科体系、教学需求和学生需求多方面因素设计教学内容，寻找教学需求和学生需求的有效结合点；另一方面要开展学生需求的引导，将学生的不合理需求引导到科学的课程体系中来，最终实现学生预期与课程供给的一致。

（三）对课程分类施策以提高学生的课程适应性

针对不同课程的特点，要注重分类施策。如针对数学类课程，要尤为关注学生对教学进度的适应程度，建立学生对教学进度的实时反馈制度，从而根据学生的适应程度调整教学进度，提高学生的适应性；在数学类课程的教学设计中，要注重加入从高中到大学的过渡性内容，建立有效衔接，也能够提升学生的适应性。对于思政类课程，首先要从教学目标的角度与学生建立统一目标，在教学方法和考核方式的选择上要注重学生的适应程度，通过更加充分的沟通了解学生不适应的原因，有针对性地做出改进。

（四）针对学生特征因人施策以提高学生的课程适应性

针对学生个人特征带来的课程适应性差异，应该从学生特征出发，因人施策，改善学生的课程适应性。具体来说，在数学类课程中，应该重点针对高中文科学生的课程适应性开展工作；思政类课程教学则应该更加关注高中就读理科的学生。对于课程适应性的性别差异也应该有所重视，从课程设计、答疑、课堂参与等方面有意识地进行引导。

（五）注重对新教学手段使用中的适应性评估

根据研究结果，要更加注重在教学方法、教学形式和教材方面的选择。尤其是对翻转课堂等新教学形式的使用、国外教材的使用等，可能会加重学生的不适应程度。因此在对大学新生课程进行教学改革、开展新教学手段时，应该尤其注重评估其适应性。

参考文献：

[1] 王军芬，周春儿. 成人高教网络课程学习适应性量表编制研究［J］. 浙江

社会科学，2010（12）：66－74＋126.
［2］朱凌云，李健．大学新生适应特征与影响因素的实证分析［J］．东北大学学报（社会科学版），2015，17（4）：416－421.
［3］谢静．家庭、学校和教师与学生数学成绩——基于教育生产函数的实证分析［J］．成都师范学院学报，2016，32（9）：17－22.
［4］阮啸，傅方正．研究型大学新生研讨课的探索与实践——基于美国南卡罗来纳大学U101课程的启示［J］．中国高教研究，2011（11）：37－39.

高校经济类课程思政案例学习与思考

陈　忱
（四川大学经济学院国际经济与贸易系）

摘　要：在对高校经济类课程思政案例进行梳理的基础上，本文从中选取部分优秀案例进行学习，并尝试总结其中的教学经验与规律。第一，在基础类课程中应注重案例教学；第二，在工具类课程中应强调量化现实；第三，在实践类课程中应引导学生树立正确的价值观。这些案例具有深度的学习价值，并将为今后在教学中践行课程思政提供宝贵指导。

关键词：课程思政；案例学习

一、在基础类课程中注重案例教学

在高校经济类课程中，基础类课程最为常见。通过学习，笔者发现这类课程由于主要介绍学科基本概念与知识，非常适合以案例教学的方式融入课程思政。这要求教师善于找到教学内容与现实经济的联结，并注重案例归纳与积累。

案例1：经济学原理（靳卫萍，2020）[①]

在经济学原理课程中很容易加入典型而真实的案例，以其亲和力使学生爱上经济学。在课程设计上，既可以与学生的日常生活相关，又可以联系国家大政方针，同时还能够呈现出经济生活的多样性。例如，课程加入了生活中的案例，注重结合政府的经济政策，进而培养学生的经济学直

① 摘编自靳卫萍：《经济学原理课程思政的初步实践》，《中国大学教学》，2020年第Z1期，第54～59页。

觉、理解力和思考力，为学生树立正确的世界观和人生观提供精彩资料。2020年春的新冠肺炎疫情中的很多经济现象，也是值得探讨的。例如，北京济民康泰大药房的天价口罩被罚，寿光捐赠蔬菜驰援武汉平价销售等，笔者将具有“类似症状”的经济学现象进行剖析，引导学生正确认识经济规律以及经济规律发生的必要条件，辩证思考“应该赞美那些发国难财的人”言论的前提假定，领会价格在互联网时代的疫情状况下能起到的正向激励作用。经过在线教学和交流，学生不仅深刻认识到价格是市场经济中作为激励的最好的手段，而且也领悟到在特殊情形下，道德将超越市场成为危机时最坚强的力量。更进一步，在交流互动中，学生们也明白了正是在共产主义信仰和道德信仰的“激励”下，党员和医务工作者、军人等群体才能在这场特殊战役中谱写出一曲伟大的赞歌。

案例2：宏观经济学（吴万宗、潘瑞姣，2018）①

首先，我们在教学中从中国自身角度出发，对中国自身的发展前后做比较，这是一个纵向比较。新中国成立70年、改革开放40年的发展成果，可能超越中国以往任何时代。究其缘由，是因为新中国所实行的政治制度与以往旧体制不一样。中国现有的制度是世界政治发展史上的后起之秀，与旧式制度的生成逻辑、演进轨迹和现实状态相比，具有不同的文化基因、结构机理与政治绩效。显然，现今中国的制度正向世人展示独特的优势。改革开放等政策，成功地将中国与世界经济结合在一起，使原本待发展的中国成了一个活跃的强大经济体，并且改革的潮流不可阻挡，必将对未来的经济发展有着更加深远的影响。中国自身经济的纵向比较，很容易让学生理解我们国家的文化以及制度在经济发展中所起的巨大作用。

其次，将中国与同为发展中国家的印度相比较，这是一个横向比较。中印两国都是地处亚洲的人口大国，第二次世界大战之后都是新解放的发展中国家，而两国现在的发展却不尽相同。进入21世纪以来，中印两国均保持了较高的经济增长速度。中国在2008年金融危机以前，年均超过8.00%的增长速度，其中2007年达到了14.23%；而印度近几年的经济增长率也持续上升，2016年印度的GDP增长率为7.10%，超过了中国的6.70%。但印度近年来如此高的经济增长率背后，人均GDP增长却十分

① 摘编自吴万宗、潘瑞姣：《“比较式”案例教学方法在课程思政建设中的应用——以〈宏观经济学〉课程为例》，《创新创业理论研究与实践》，2018年第16期，第15～16页。

缓慢，远落后于中国。原因之一是其拥有13亿之多的人口，但是印度制造业就业机会增加不足，巨大的人口红利反而变成了巨大的人口负担。印度的制度也是导致现有局面的重要因素。印度的城市化非常脆弱，政府对基础设施的投入比率低，基础设施相当落后，很难支撑起现代化经济的发展。印度的土地是私有制的，掌握在少数家族手中，开发商很难获取土地。同时印度的财政能力脆弱，无法大规模投资基础建设，与中国对高铁、机场、道路等基础设施的大规模建设投入大相径庭。我们在教学过程中也应借此对经济增长速度回落进行解释，即使目前中国的经济增长速度慢于印度，但是中国进入了中高速增长阶段，进入了更加追求高质量发展的阶段，新的人口红利是更加高级的人力资本红利。将中印两国的发展差异进行“比较式”案例分析，能够有效建立学生的制度自信。

最后，将中国与日本进行比较。两国同为亚洲国家，人口密度较大，但日本现为发达国家，中国是发展中国家。我国改革开放40年的时间，在经济总量上超越了日本自明治维新以来的发展水平。2010年中国名义GDP超过日本名义GDP，一跃成为世界第二大经济体。中国经济增长始终保持着较高水平，制度优势不可忽视。中国政府强有力的宏观调控使经济波动对经济发展的冲击有所减少。中国进行了供给侧结构性改革，有效地缓解了快速增长后面临的经济过剩，相较于日本经济快速增长后的泡沫经济，中国经济具有更强的稳定性。但我们与日本比较，仍然有不少差距，特别在人均收入水平以及科技创新领域。由此可引发学生基于多维度比较中国与西方发达国家的宏观经济发展历程，便于学生建立起文化自信，明确高校学生所处新时代中华民族伟大复兴的使命担当。

二、在工具类课程中强调量化现实

在高校经济类课程中，工具类课程难度较大，学生相对不易理解。通过学习，笔者发现这类课程由于比较抽象，利用量化现实的手段融入课程思政不失为一个有效思路。这要求教师充分利用现实经济数据，培养学生学以致用的能力。

案例 3：统计学（余晓美、孔令十，2019）[①]

在贯彻课程思政理念推进教学改革的过程中，我们对部分教学目标进行了修订，增加“以中国经济发展变化为背景，着眼经济变化领会十九大精神，激励学生为实现‘两个一百年’奋斗目标奋发作为”这一价值目标。为达成该教学目标，我们采用混合式教学方法，充分利用超星学习通App，在课前给学生提供了课件、习近平同志在中国共产党第十九次全国代表大会上的报告、专家对十九大报告的解读、中国经济新常态的解读、供给侧结构性改革的解读等资料。运用学习通中的分组控件，将学生分成若干小组，各小组的学习任务就是：搜集 2000—2017 年的全球经济数据、中国经济数据、美国经济数据，对这些时间序列进行指标分析，用分析结果来解读不同的主题任务，如十八大到十九大的变化、对中国经济新常态的认识、美国对中国政策的经济分析等。带着这些任务，组织学生进行课前线上学习、课堂知识讲解、课后小组项目实践。在实践完成后，每个小组上传自己的小组主题报告，通过讨论区的交流传阅，甄选优秀主题报告在课堂上和同学们进行深度分享、讨论和点评。在实践中我们发现，学生通过原始的经济时间序列数据，借助 Excel 软件，学会了计算经济增长指标、平均经济增长指标等，通过 2000—2017 年全球经济增长率和中国经济增长率折线图，得出清晰的结论：中国经济进入中高速增长阶段，增长率保持在“七上八下”水平，为全球经济发展做出了巨大的贡献，远远超过美国；在中国共产党的带领下，人民生活水平显著提高，2016 年恩格尔系数为 30.1%，达到国际规定中的“富裕”标准，等等。这些结论让同学们充满了自豪感，对“中国梦”的实现充满了自信，爱国主义精神高涨。在讨论中，老师进一步引导学生分析中国为什么能取得这些好看的“数据成就”，尤其是与欧美国家的对比，学生对中国特色社会主义的“四个自信”更加坚定、牢固。

案例 4：计量经济学（张翼、张禹，2019）[②]

计量经济学的基本教学目标是培养使用计量工具分析社会经济现象的

---

① 摘编自余晓美、孔令十：《统计学课程贯彻“课程思政”理念的探索与实践》，《滁州学院学报》，2019 年第 6 期，第 119～121 页。

② 摘编自张翼、张禹：《课程思政对经济学专业课程的内涵要求与实现路径分析——以〈计量经济学〉为例》，《中国多媒体与网络教学学报（上旬刊）》，2019 年第 7 期，第 67～68 页。

能力，虽然其主要的知识点为计量方法及其操作，但方法和工具的实施载体仍集中在社会现象的经济活动方面，因而在实例选取和教学组织设计过程中更需要围绕课程思政的基本要求，在全教学过程中尽量实现课程思政的基本目标。以劳动者收入这一在计量经济学课程中经常使用的分析题目为例，无论选取的事例为宏观的居民收入的影响因素样本还是微观个体数据，要研究劳动者报酬的影响因素，其中人力资本的素质应该是最主要的变量，无论研究主题为何都应是主要的控制变量，这也是对社会正向价值的引导，而其他如性别、地理区位、代际等因素则随研究对象不同而有所取舍，也要根据具体的研究目的对不同的回归结果进行解释。

在教学过程中需要大量的外部教学资料与数据。除相关的计量软件外，更多的是需要大量来自外部的教学资源和实例材料，一般会物化到一个具体的数据集，无论样本数据结构是截面还是时间序列或者面板数据，数据样本的内容首先要体现课程思政的基本价值导向要求，或符合新时代的宏大主题，或合乎社会道德、美学或创新等价值导向和意识趋向，这就要求在数据集收集或事例选取时要有所侧重，如时间序列的宏观数据，更多应以正向反映新中国成立以来经济发展的绩效表现，特别是改革开放以来我国在各方面取得重大改革和发展绩效的领域的选题作为模型方法的应用实例。当然此类选题也可以拓展到我国分地区的截面数据或者面板数据。目前本科阶段的初级计量经济学多以截面数据为样本，并进一步可以拓展为面板回归模型的样本数据。由于我国按照行政区域划分，无论分省还是分城市对于教学样本来说，只要涉及的变量数不要过多，数据集都能满足相应的实验分析要求，这就为讲授相应的课程内容，包括多元回归及检验、放宽经典假设的回归以及在样本量足够的条件下的非经典回归如离散选择模型、受限回归等各种模型提供了丰富的学习数据。受教育者在课堂听课和实验，包括之后的作业练习或综合分析时能够从最基本的事实——数据中切实感受到真实的发展绩效的影响因素和对现实生活的影响，从而将隐性正向信息传递给受教育者。

三、在实践类课程中引导学生树立正确的价值观

在高校经济类课程中，还有一类以实践应用为导向。通过学习，笔者发现这类课程由于与现实经济活动最为接近，非常适合引导学生树立社会主义核心价值观。这要求教师积极关注并参与经济社会实践，潜移默化地实现知识教授

与价值引领相统一的教育目标。

案例 5：会计学（陈丽英，2020）[①]

（一）诚信信念

社会主义核心价值观强调诚信原则，诚实守信也是会计学科注重的根本理念，是会计行业得以健康发展的基本保证。相关性和可靠性是会计信息质量的最基本要求，离开了诚信，会计的可靠性也就无从谈起。由于会计诚信缺失、可靠性受损导致的会计丑闻时有发生，因此，在会计基本原理的教授中，有必要对学生进行诚信教育，提倡诚信、可靠的品格。

（二）谨慎原则

谨慎性也被称为稳健性，是会计核算中的重要原则，“宁可预计可能的损失，不可预计可能的收益”，是管理者对于不确定性的一个审慎反应。在减轻代理冲突、避免诉讼风险中起着积极作用，有助于预警和化解风险，也是建立社会主义市场经济的客观要求。在讲述基本原理时，应注重培养学生谨慎、务实的品格，强调做事未雨绸缪，提高人生抗风险能力。

（三）公允与平衡

会计中重要的等式是资产＝负债＋所有者权益，强调等式左右的平衡，左侧是拥有的资源，右侧是承担的责任和义务。从资产负债表的角度来看，要求学生有“先天下之忧而忧，后天下之乐而乐”的政治抱负、“苟利国家生死以，岂因祸福避趋之”的报国情怀，只有讲求奉献才能得到越来越多的净权益。通过对报表编制原理的讲解，希望激发学生的家国情怀，使他们志存高远，奋发图强。会计中的财务报告要求真实公允，反映事物的实质。公允计价是社会经济发展的必然结果，市场经济本质上是公允经济，偏离公允原则，会给国民经济带来负面影响。会计政策中依赖大量的主观判断与估计，管理者应坚持公允原则，不夸大或缩小事实，确切反映企业的能力与风险。因此，有必要在课程教学中对学生开展相关的教育。

（四）责任与担当

会计中的权责发生制强调责任与担当，恪尽职守、敬业奉献是每个人应有的责任和担当。在会计课程的教育中，应帮助学生树立正确的权利观

① 摘编自陈丽英：《会计学课程如何融入思政元素——以上海市高校课程思政领航计划（精品改革领航课程）为例》，《国际商务财会》，2020 年第 9 期，第 52～55 页。

和责任观，树立可持续性的长远业绩观，做到“功成不必在我，功成必定有我”的有机统一。结合2020年新冠肺炎疫情期间医护工作逆行者的事迹，强调在人生的负债端，是我们对党和国家的责任和义务，常怀感恩，勇于奉献，永远保持对人民的赤子之心，埋头苦干，锲而不舍。

（五）职业道德

会计职业道德倡导独立、诚信、保密、客观公正、敬业爱岗的优良品质，因此有必要在会计课程的教学中加强职业道德教育，教育学生一定要养成慎独慎欲、慎省慎微的好习惯，培养高尚的道德品质，任何时候都要自觉遵守职业道德。

（六）合规意识

遵纪守法、拥有合规意识是开展各项工作的重要保证。会计课程涵盖会计方面的大部分法律法规，在教学工作中应注重对学生合规意识的培养，要求他们自觉遵守各项法律制度，恪守职业道德，知法、守法、敬法，切实保护国家、社会公众及投资人等的利益。

案例6：电子商务概论（吴尤孜，2020）[①]

（一）社会主义核心价值观教育

电子商务的快速发展对国家、社会、个人都有着非常深远的影响。在电子商务迅速发展的推动下，消费者可以超越时空的限制，足不出户就能买到自己喜欢的产品和服务，极大地改善了社会流通环境和消费者的消费体验。在一定程度上，它为满足新时代中国公民日益增长的个人需求，解决区域发展不平衡做出了贡献。在知识教学和实践中，要教育学生热爱工作，注重诚信。同时告诉学生，个人诚信和奉献将促进社会公正、法治的进步，以进一步促进和谐发展，充实国家的财富，这个角度的设计目的是让学生理解社会主义核心价值体系、社会、公民三个层次的需求并不是分裂、独立的，而是不可分割的有机整体。这样，社会主义核心价值观才不会只停留在字面意义上，而是赋予了它关于课程思政的具体内容。

（二）爱国教育

在专业教育的基础上，探索适合专业与思政相结合的教学方法和手段，通过视频、实践体验、案例等进行多方位拓展，可利用以上方式对我

---

① 摘编自吴尤孜：《思政教育在〈电子商务概论〉课程教学中应用研究》，《财富时代》，2020第11期，第76～77页。

国电子商务在短短20年间取得的成绩进行展示，让学生感受到中国在全球经济发展中的重要地位，进而开展爱国主义教育，增强学生的民族自豪感。通过对中国电子商务未来发展愿景的探讨，开展中国梦教育，增强学生对个人对国家发展的信心。

（三）道德教育

教师在课堂上对学生进行综合性教育，将思想政治元素融入课堂教学，在对学生进行理论知识灌输的同时，潜移默化地引导学生正确的人生观和价值观的形成，从而提高学生的职业素养和道德情操。

（四）网络诚信规范

随着电商的大热，电商经营者通过社交媒体、移动端能更容易接触到消费者，而且客户是随时在线的，这直接带来了网络诚信问题。所以，电商方在关注C端购物体验与个性需求满足的同时，更应该保证一个前提，就是电子商务中顾客权力的维护，例如为顾客提供一个安全可靠的消费环境、支付的安全；再如，对客户隐私权的保护，保证客户信息传输的完整性和私密性等。通过以上方面，在教学中对学生进行网络诚信规范教育。

（五）法律法规教育

电商的裂变式发展，致使相关的法律法规建设虽不断完善但却依旧滞后，从而导致网络纠纷不断发生，所以，基于此种现状，应当教育学生自觉遵守现有规范，培养自觉遵守法律的意识，并付诸行动。同时，在实践过程中，当自身利益受到侵害时，应积极运用现有法律法规保护自己的合法权益。此外，还要以身作则，积极引导周围的人。

参考文献：

[1] 陈丽英. 会计学课程如何融入思政元素——以上海市高校课程思政领航计划（精品改革领航课程）为例［J］. 国际商务财会，2020（9）：52—55.

[2] 靳卫萍. 经济学原理课程思政的初步实践［J］. 中国大学教学，2020（Z1）：54—59.

[3] 吴万宗，潘瑞姣. “比较式”案例教学方法在课程思政建设中的应用——以《宏观经济学》课程为例［J］. 创新创业理论研究与实践，2018，1（16）：15—16.

[4] 吴尤孜. 思政教育在《电子商务概论》课程教学中应用研究［J］. 财富时代，2020（11）：76—77.

[5] 余晓美，孔令十. 统计学课程贯彻“课程思政”理念的探索与实践［J］. 滁州学院学报，2019，21（6）：119—121+125.

[6] 张翼，张禹．课程思政对经济学专业课程的内涵要求与实现路径分析——以《计量经济学为例》[J]．中国多媒体与网络教学学报（上旬刊），2019（7）：67—68.

大学英语精读思政课程的实践分析

陈　羽

（四川大学经济学院国际经济与贸易系）

摘　要：大学英语精读作为大学英语核心课程之一，是开展课程思政教育的重要阵地。在课程思政理念的引领下，本文以《21世纪大学英语读写教程：2》第四单元“Turning Failure into Success”为例，探索大学英语精读思政课程的具体实践。整个教学分课前设计与布置、课堂学习和课后巩固三个阶段，将真善美、社会主义核心价值观等内涵融入教学，使大学英语课堂由单纯的对学生进行英语技能塑造转向品格塑造和价值引领。

关键词：思政课程；立德树人；大学英语精读

引言

立德树人在高校尤为重要。一个大学生的品德出了问题，有再好的学习成绩和才干也不行。2021年6月，某大学一名学生会主席因在朋友圈恶意捏造事实诽谤他人，给当事人造成了名誉损害，某大学发布通报，给予该生开除学籍处分。能进入某大学并担任学生会主席，该生理应是高素质人才，但他漠视大学校训，道德严重缺失，法律意识淡薄，最终为自己的行为付出了代价。

大学的课程思政教育正是落实立德树人，引导和帮助学生树立正确的世界观、人生观和价值观，培养社会好公民的必然选择。

一、大学英语精读思政课程的核心任务

大学英语是高校通识教育的必修课程，是开展课程思政教育的重要阵地。大学英语精读作为大学英语核心课程之一，担负着培养学生听说读写译综合语

言能力、逻辑思辨能力、文化认知及传递等重要任务。外语教学具有鲜明的特殊性，需要直接面对国外意识形态和西方主流话语。在大量的英文材料学习中，学生会接触到西方国家的历史、政治、文化、风俗等内容，这些素材也涵盖了思政教育的各个方面。以立德树人为核心任务，课程教师必须将学科资源转化为育人资源，利用中西方价值观的共性和差异性开展课程思政教育，在潜移默化中培养学生的社会主义核心价值观，增强文化自信，发挥中国力量，更好地向世界展现中国精神。

二、大学英语精读思政课程的具体实践

《大学英语课程教学指南》建议，各高校应该充分利用信息技术，积极创建多元的教学与学习环境，鼓励教师利用网上优质教育资源改造和拓展教学内容，实施基于课堂和在线网上课程的翻转课堂等混合式教学模式，使学生朝着主动学习、自主学习和个性化学习的方向发展。大学英语的教学目标应为“增强学生的自主学习能力，提高学生综合文化素养”，教师应对学生进行分层次和分类指导。指南中的这一教学目标恰巧与思政课程教学的核心不谋而合。

针对思政课程的特点和大学英语精读的教学目标，将两者有效地结合起来，以《21 世纪大学英语读写教程：2》第四单元“Turning Failure into Success”为例，可以从以下三个方面进行具体实施。

（一）课前设计与布置

借助慕课、网易云课堂、超星、泛雅等互动学习平台，将提前录制和准备的教学视频、PPT 等资料与学生共享，并在视频结束时指导学生进入下一步学习。在教学 PPT 中，学生根据屏幕上显示的步骤依次打开课本、音频文件或视频文件以及互联网链接等拓展资源进行自主学习，并按照要求提交作业。在“视听说”部分，除课本上较为简单的听力练习之外，补充霍金的最后一次演讲视频，布置开放式的思考问题：We cannot be all brilliant scientists, famous movie stars, Olympic athletes, or powerful politicians, but that shouldn't stop us from leading rich and successful lives. How do you define success and what are the most essential ingredients in success in your mind? 在“读写译”部分，除一些词汇、句型和技巧的演示之外，带领学生学习习近平总书记在庆祝中国共产党成立 100 周年大会上的重要讲话英文版，以史为鉴，领会习近平总书记讲话中关于过去我们为什么能够成功、未来我们怎样才能继

续成功的深刻道理，在回望光辉历史、擘画光明未来的过程中增加学生的民族自信和文化自信。在“写作”部分，学生通过平台提交作业，老师在线批改之后在平台上与学生进行针对性交流。

（二）课堂学习

课堂学习是学生知识内化的重要环节，也是课前学习的延伸。比如先做一个听写训练，节选张京于 2021 年 3 月在中美高层战略对话现场的翻译进行课堂热身，然后对课本上的重要语言点进行限时的课堂小测试，以成功和失败的关系为题进行分组讨论、演讲、提问答疑，引导学生正确认识成功，明确是非曲直、道路方向、如何作为。根据课堂的具体进展，教师对课堂设置进行有效的增添与删减，提出一些启发性问题，有所思考的学生则能利用学习到的内容与思维方式更好地进行语言的组织和语感的培养。

（三）课后巩固

课后环节的设定也是展开学习的重要部分。教师对课堂小测试进行评分，并向学生反馈完成情况，及时查漏补缺，进行针对性练习。设置学生对老师的客观性评价、学生互评和学生自评环节，有利于促进师生的相互了解和教学相长，共同进步。教师根据学生的掌握情况，适时地补充和拓展一些课外资料，供学生参考。比如分享一篇“A Life Full of Riches”，引导学生对人生进行思考，真正的富足不是物质上的富有，而是在感恩、关爱和帮助他人后得到的内心富足。这一主题正好契合社会主义核心价值观：富强、民主、文明、和谐，自由、平等、公正、法治，爱国、敬业、诚信、友善。

三、结语

大学是教书育人的场所，重在立德树人。结合《大学英语课程教学指南》，将大学英语精读课程融入学校课程思政教学体系刻不容缓。大学英语精读思政课程的核心任务是立德树人，即在培养学生听说读写译综合语言能力的同时，浸入式地对学生进行品格教育，激发学生的爱党爱国之情。在教学实践中，教师必须进行语言意识形态的甄别与文化价值取向的鉴别，结合学科特色，将真善美、社会主义核心价值观等内涵融入教学，增强课程思政的亲和力和凝聚力，培养学生的综合语言能力、逻辑思辨能力、文化认知及传递能力，使大学英语课堂由单纯的英语技能塑造转向对学生的品格塑造和价值引领。

参考文献：
[1] 邱伟光．课程思政的价值意蕴与生成路径［J］．思想理论教育，2017（7）：10－14.
[2] 何玉海．关于“课程思政”的本质内涵与实现路径的探索［J］．思想理论教育导刊，2019（10）：130－134.

在国际经济与贸易专业课程中融入思想政治教育分析

龚秀国

（四川大学经济学院国际经济与贸易系）

摘　要：思想政治教育是中国特色社会主义市场经济国际化人才培养的一个重要组成部分。在国际经济与贸易专业课程中融入思想政治教育，需要执教者做到以下三点：一是理论联系实际，关注中国问题，突出中国案例；二是侧重政策含义，突出中国实践，强调中国经验；三是拥有国际视野，保持与时俱进，讲好中国故事。

关键词：思想政治；中国实践；中国故事

古往今来，国家之间的科技竞争、产业竞争甚至制度竞争，归根结底就是人才竞争。而培养众多满足社会文明进步需要、推动社会经济不断发展的合格人才，则是我国高等教育在新时代义不容辞的责任。在当今面临世界百年未有之大变局和实现中华民族伟大复兴的关键时期，在培养高级专门人才的高等院校加强思想政治教育，并因势利导地将思想政治教育融入大学设置的专业课程之中具有特别重要的理论价值与现实意义。

笔者将结合自身多年从事“国际经济学”（双语、英语）、“国际经济理论与政策”等专业课程的教学实践，抛砖引玉，谈谈自己在国际经济与贸易专业课程教学过程中适时融入思想政治教育内容的体会和感悟，以供参考。

事实上，按照教学规划与教学大纲，四川大学经济学院国际经济与贸易专业（包括过去的国际金融专业）长期以来一直致力于培养具有广博国际视野的高级经济金融人才，以更好地服务于中国经济的改革开放与现代化建设。在“立足中国、洋为中用”的教学理念指导下，笔者密切结合现代国际经济学理论体系与政策演变的最新发展，着重突出中国经验与中国实践，进而在专业课程的理论教学中自然而然地融入中国特色与思想政治教育，同时强调中国人才培养的特殊需要。具体说来，主要体现在以下几个方面。

一、理论联系实际时重点突出中国经验

在笔者从事的经济学相关专业课程教学过程中，理论联系实际是笔者最引以为自豪的一大特色；但在理论联系实际的过程中，笔者始终如一地坚持经济学理论在中国的应用，也就是重点突出中国案例与中国经验。

在经济学教学中突出中国案例与中国经验，这既是中国大学为中国经济建设和可持续发展培养合格高级经济金融人才的现实需要，又是进一步激发中国学生或者未来中国经济精英更多关注中国问题并深入研究中国问题的见习平台。

实际上，中国经济仍然属于转型经济（An Economy in Transition）范畴，中国自 1978 年开始推行并不断深入的改革开放正在加速这个转型进程；四十多年来，中国改革开放不仅成功创造了举世瞩目并被世界赞誉的“中国经济奇迹”，而且中国也快速崛起为全球第二大经济体、第一大贸易国和第一大工业生产国（龚秀国，2019），中国人民更是如愿以偿地在 2000 年实现“基本小康”和在 2020 年实现“全面小康”。

中国经验真实反映了中国共产党认清和把握世界和平发展的主旋律，领导中国人民与时俱进和改革开放，积极融入经济全球化与国际经济体系，充分发挥并适时培育自己的比较优势，有效利用国际、国内两个市场和两种资源，中国特色市场经济也由此而来。

比如，在国内外传统的国际经济学理论教科书中，比较优势（Comparative Advantage）通常被描述成一个时期某个产业生产成本的相对优势或者相对较高的生产效率，一般来说是一个“静态”概念，对落后国家或者发展中国家有固化其国际分工地位之嫌，不利于广大发展中国家或者新兴市场国家的产业升级与可持续发展，与此相对，笔者在教学过程中不再局限于简单介绍比较优势的基本概念，而是密切结合中国经验，进一步突出和强调比较优势的“动态”特性，即比较优势是伴随一国的经济发展甚至政府培育而不断演变的。

具体来讲，在 20 世纪 70 年代末的改革开放之初，作为全球最大的发展中国家或者农业国，中国最有比较优势的产品就是农副土特产品，对外主要出口农副土特产品；在 20 世纪 80 年代，伴随率先对外开放的东部沿海地区大力吸引“三资企业”和广泛开展“三来一补”业务，中国主要出口服装纺织品、皮

革鞋类产品与玩具等最有比较优势的产品，尽管这些劳动力密集型产品附加值较低，但毕竟是工业制成品；在20世纪90年代，伴随改革开放的进一步推进与中国政府的积极培育，中国出口商品结构进一步升级为附加值较高的机电产品；进入21世纪特别是2001年加入世界贸易组织（WTO）以来，中国出口商品结构继续优化，过去梦寐以求的高科技产品进一步上升为中国对外出口的主要商品。这些不仅充分反映了改革开放四十多年来中国比较优势的递进演变与出口商品的升级换代，同时也见证了中国工业化、经济发展与国际分工地位的快步提升。

二、探讨政策含义时重点突出中国实践

在经济学课程教学过程中，笔者引以为豪的另一特色就是在探讨经济政策特别是国际经济政策含义时重点突出中国实践或者中国案例，进而让中国学生深刻领悟中国融入国际经济体系所面临的机遇与挑战，以及中美贸易战的本质特征。这样既能调动广大青年学生学习国际经济学的积极性与专业兴趣，又能顺理成章、水到渠成地进行思想政治教育。

为了提升综合国力、促进生产力发展和改善人民生活，以邓小平同志为核心的第二代中央领导集体带领中国终于在20世纪80年代迈上了经济改革和对外开放的康庄大道，并在短短四十多年间走完了西方国家几百年才走完的工业化或现代化道路，成就了前无古人后无来者的“中国经济奇迹”。

归根结底，中国改革开放就是按照国际惯例建立现代市场经济制度，同时根据国际规范融入国际经济大家庭。中国也正是通过不断深入的市场化改革和扩大对外开放实现经济腾飞的，而2001年成功加入世界贸易组织则是中国改革开放的一个重要里程碑和经济发展的助推器。

一方面，加入世界贸易组织为中国嵌入全球产业价值链和经济可持续发展提供了一个千载难逢的机遇，中国企业得以在WTO这个多边自由贸易平台拥有了广阔、稳定的出口市场，中国工业化、城镇化也获得源源不断的动力并稳步推进，中国更是快速崛起为全球第二大经济体、第一大贸易国和第一大工业生产国并一直保持至今。中国也因势利导地于2013年和2015年相继提出“一带一路”倡议、《中国制造2025》，至此中华民族伟大复兴再也不是一个遥不可及的梦想了。

另一方面，快速崛起的中国在改变自身的同时也在重塑世界格局，特别是在2008年美国“次贷危机”全面爆发并迅速演变为整个西方世界的国际金融

危机以来，作为现行国际经济体系守成大国（Incumbent Power）的美国日益感受越来越强的所谓“中国威胁”，而作为新兴大国（Emerging Power）的中国不断上升为美国奥巴马政府时期的“战略竞争者”（Strategic Competitor）和特朗普政府时期的“战略对手”（Strategic Rival），特朗普政府更是于2018年初针对中国单方面发动了有史以来最大规模的贸易战。

实际上，在讲述国际贸易政策及其多边、区域走向的过程中，密切结合中国实践与中国案例更能帮助学生把握当今国际经济发展的主旋律与中国在世界经济中的地位，有利于学生在经济全球化高度发达的今天准确识别中国经济高质量与可持续发展的瓶颈、短板以及政策选择，更有利于培养中国新时代合格的国际经济金融人才。

三、学科未来展望时重点突出中国发展

中国改革开放四十多年的历史与事实证明，不论是在经济学理论研究中，还是在实际应用过程中，中国经验与中国实践始终是一个史无前例的特殊存在；更具体地说，中国特色社会主义市场经济实际上昭示了一种崭新的发展模式。

一方面，中国特色市场经济完全不同于以所谓“华盛顿共识”为基础的美国式自由市场经济，也正因为如此，中国经济并没有在2008年肆虐全球的国际金融危机冲击下与美国等西方国家一同陷入第二次世界大战后最严重的经济衰退，而与之恰恰相反的是，中国经济依然能够保持“一枝独秀”和持续崛起。另一方面，中国社会主义市场经济也完全不同于以严格的中央计划管理为基础的苏联式计划经济，因为早在1992年中共十四大就明确指出，中国经济体制改革的最终目标是建立“让市场在资源配置中发挥基础性作用”的社会主义市场经济；而在2017年中共十九大回顾改革开放四十年巨大成就之后更进一步和更清晰地表述为，中国经济体制改革的最终目标是建立“让市场在资源配置中发挥决定性作用”的现代市场经济。

有鉴于此，笔者不论是在经济学专业课程教学中，还是在从事科学研究与对外学术交流过程中，一直都贯彻“研究中国问题、讲述中国故事、传承中国经验”的理念，并坚持认为这是新时代中国经济学人义不容辞的责任担当，同时也相信这是把思想政治教育融入专业课程教学与科研工作的最佳途径。

笔者认为，在世界百年未有之大变局与中华民族伟大复兴的关键时期，每个中国人脚踏实地做好自己的本职工作就是最大的贡献。作为高校经济学人，

我们应该更多地“研究中国问题、讲述中国故事、传承中国经验”，为中国经济高质量与可持续发展培育更多具有国际视野的合格人才，同时贡献更多智慧。

参考文献：

[1] 龚秀国. 中国经济改革开放四十年：理论与实践透视 [M]. 成都：四川大学出版社，2019.

[2] Paul R Krugman，Maurice Obstfeld. 国际经济学理论与政策 [M]. 6版. 北京：清华大学出版社，2004.

课程改革中融入思政教育的实践与思考
——以投资银行理论与实务课程为例

贾 立 刘卓敏
（四川大学经济学院金融系）

摘 要：金融学专业本科必修课程投资银行理论与实务深入挖掘思政元素，包括将其融入课程教学、案例教学及课堂辩论，取得了较好的教学成效。依托该课程的实践，本文对深化课程思政建设提出了进一步的改革思路。

关键词：课程思政；投资银行理论与实务；自主学习

引言：课程背景

培养什么样的人，关系着一个国家未来的命运，因此教育是一国的重中之重。而教育不仅是要“传道授业解惑”，更是要将国家和民族方向性的价值观融入教育体系，在潜移默化中让学生形成正确的世界观、人生观、价值观。无数历史事实告诉我们，一个人要想长期立足于社会、服务社会，不仅需要过硬的专业本领，还需要良好的德行。高校是帮助青年养成良好德行的重要场所，高校老师是帮助青年养成良好德行的重要引路人，高校课程是帮助青年养成良好德行的重要媒介。

十年树木，百年树人。要让我国的青年成为有德之人，必须坚持立德树人，坚持把思政教育贯穿年轻人成长的整个过程，这对高校、高校教师以及高校的课程设计提出了较高要求。然而，目前看来，高校对本科生的思政教育主要还是集中在少数专门的思政课堂上，为解决这一问题，各大高校都在深化专业课程思政建设，落实立德树人的根本任务。

本文以投资银行理论与实务课程为例，说明如何在课程改革中融入思政教育。投资银行理论与实务的课程目标是培养学生自主学习能力；课程内容包括证券承销、并购、私募等多个板块，在讲授各个板块理论知识的同时，让学生自主选择案例并运用理论进行分析，了解相关的国家政策，如核准制向注册制的逐渐转变以及背后的国情变化。总之，本文力图充分挖掘课程中蕴含的思政教育元素，努力将贯穿于教学全过程的育德育人理念予以展现。

一、课程目标：培养大学生的自主学习能力

教育部在《高等学校课程思政建设指导纲要》中指出："立德树人成效是检验高校一切工作的根本标准。落实立德树人根本任务，必须将价值塑造、知识传授和能力培养三者融为一体、不可割裂。全面推进课程思政建设，就是要寓价值观引导于知识传授和能力培养之中，帮助学生塑造正确的世界观、人生观、价值观。"[①] 可见，在课程思政建设中，提升学生的能力和让学生树立良好品德、汲取知识养分是同等重要的，因此，投资银行理论与实务课程改革的目标就是让学生成为学习的主体、主动投入学习过程中，从而提升其自主学习能力。

大学生如果仍然遵循"老师教什么自己就学什么"，那么就容易依赖教师、依赖教材，长此以往，就不能拥有独立的人格。大学生只有拥有了自主学习能力，才能持续提升自己各方面的能力。投资银行理论与实务通过课前热身、课上互动、案例分析、课堂辩论等四个环节培养学生的自主学习能力，取得了良好的成效。

二、投资银行理论与实务课程思政的设计与实践

（一）在课程教学中引入思政元素

考虑到投资银行理论与实务课程中的专业知识与资本市场紧密相连，贴近经济生活，实用性很强，所以必须要提前进行教学设计，厘清思政元素。在帮助学生熟练掌握相关知识的同时，对其进行思政教育。例如，在讲解庞氏骗局的概念和案例时，以 2008 年麦道夫的庞氏骗局破灭的案例为思政教育切入点，深入挖掘对应的思政元素，引起学生思考：在资本市场上，像庞氏骗局这样的无德之事迟早都会被拆穿，行骗之人会付出巨大的代价。

除了将思政教育融入知识点中，还能通过投资银行理论与实务向学生讲解

---

① 《教育部关于印发〈高等学校课程思政建设指导纲要〉的通知》，http://www.moe.gov.cn/srcsite/A08/s7056/202006/t20200603_462437.html。

相关政策，让学生对比分析国内外不同的金融政策，使其更好地理解我国国情适应何种政策。例如，在 IPO 这一知识板块，先让学生理解核准制和注册制的概念、特点及其区别，并结合我国新股发行制度的历史变迁，主动思考我国的新股发行制度为何从审批制到核准制，进而通过科创板试点和创业板试点，最终实现 A 股全面注册制。此外，教师还会以课堂研讨的方式与学生交流有关上市公司证券发行和交易的相关法律法规，并就所学习的新知识点让学生对我国股票市场上市公司的某些现象进行理解和解释，如中国股票市场新股发行溢价等，从而培养学生理论与实践结合的能力。

（二）在案例教学中引入思政元素

面对蓬勃发展的“新兴+转轨”的中国资本市场，案例教学法能够促进学生深刻、有效地掌握中国资本市场的特殊性。每个学年的投资银行业务课程都至少会安排两次完整的案例分析活动，分别是“某公司 IPO 的利弊分析”和“上市公司并购重组案例分析”。为更好地在案例教学中融入思政元素，教师除提前布置任务和评分以外，还要做好课前准备：仔细研究学生提交的 PPT 资料中哪些点能与国家政策、社会主义核心价值观结合起来评价。另外，教师非常重视课堂的互动，鼓励在座的同学积极向讲解的同学提出质疑，带动了课堂的学习气氛，让学生相互间碰撞出思维的火花，为主动学习、深入理解提供情境。

据学生反映，每个案例的分析和制作环节需要花费不少于 10 小时，有些小组甚至通过拍摄小视频、模拟场景并进行角色扮演的形式将案例呈现出来，不仅增强了他们搜集信息、处理信息的能力，也让他们更充分地了解了我国资本市场的运作。总之，案例分析法提高了同学们的学习积极性和自主学习能力。

（三）在辩论比赛中引入思政元素

俗话说“真理越辩越明”。辩论可考验一个人的思维活跃度、语言表达能力及心理素质等，同时也可以激发学生自主学习的动力。通过辩论比赛来学习我国国情、政策，学生的理解也会更加深刻，课程思政的效果会更好。以投资银行理论与实务课程中曾设计过的一次辩论为例，辩题为：“2016 年 9 月 9 日，证监会公开发布了《中国证监会关于发挥资本市场作用服务国家脱贫攻坚战略的意见》，对此，有人炮轰证监会自作多情扶贫有失公平，有人认为证监会应该支持证券市场扶贫共同富裕。你怎么看？”这一辩题让学生在准备辩论的过程中充分了解国家政策，深刻理解社会主义核心价值观，能够真正理解以人为本、共同富裕等思想。通过辩论赛，同学们活跃了思维，将所学知识与金融热点结合起来，更好地了解金融政策制定及执行的始末，加深了对金融市场的理解。

三、课程思政小结与未来推进展望

（一）课程思政的成效

投资银行理论与实务多样化的课程设计提升了学生兴趣，学生在课堂上的专注力大大提高。表面来看，学生只是学习了知识、分析了案例、尝试了辩论，但社会主义核心价值观渗透在专业基础知识中，渗透在教师对案例的点评中，也渗透在辩论的主题中，有助于学生形成正确的价值观、世界观和人生观，还有助于学生了解和认同国家政策，有助于培养社会主义接班人。这也是显性与隐性教育的有机结合。

（二）未来推进展望

1. 专业课教学适合探索理论与实践相结合的教学方法

通过在专业课基础理论教学中融入实践元素，能提升学生对专业知识的掌握，也能让学生多方面了解我国经济生活的现状及各项政策措施的深层次含义。以投资银行理论与实务课程为例，教师在课上进行新闻时事和国家金融政策的讲解，或者由同学们挑选与课程相关的感兴趣的金融时事进行课上分享，又或者在课上针对时事热点进行讨论，是一种行之有效的教学方法。

2. 解决小组内部“搭便车”问题——让学生学会勇于承担自己的责任

因为信息不对称，老师不能完全了解学习小组内每位成员的任务完成情况，所以学习小组内部“搭便车”的现象依然存在。然而，一个“有德”之人，必须能主动、良好地完成自己那份任务，必须勇于承担自己的责任。因此，解决“搭便车”问题也是投资银行理论与实务课程思政的重难点之一。为了让学生能够真正认识到“搭便车”行为的弊端并改掉这个坏习惯，教师曾召集部分同学进行小型座谈，请同学们献计献策，讨论出一些相对可行且易于操作的办法，但是在使用中仍感缺憾，这也是未来课程思政需要强化的重要环节之一。

3. 培养学生对国家政策的兴趣

金融学的专业理论与金融政策紧密相关，促进本专业学生了解国家相关政策并予以正确解读，对他们进一步深造及在金融领域工作具有重要意义。以投资银行理论与实务课程为例，虽然部分学生平时不太主动关注金融政策及其最新动向，但课堂讲解、案例教学和辩论确实推动了他们加深了解相关政策的积极性。在今后的课程思政教学中，可以通过引入更多提升学生兴趣的教学方法，如课前十分钟开辟专业新闻分享和讨论模块，让更多学生了解新闻事件，同时以此为切入点锻炼大家的思辨能力，使学生主动将理论与实践相结合，培养其对国家政策的兴趣。

参考文献：

[1] 农筱艺，农筱英，黄敏桃，等.《中药鉴定与养护》课程思政的设计与实践研究［J］. 轻工科技，2021，37（3）：163－164＋166.

[2] 习近平. 思政课是落实立德树人根本任务的关键课程［J］. 求是，2020（17）：4－16.

[3] 毕晶. 构建“课程思政”的“三位一体”——以《经济学》课程为例［J］. 山西财经大学学报，2020，42（S2）：57－60＋71.

[4] 熊磊. 翻转课堂下大学生自主学习能力培养模式构建［J］. 当代教育理论与实践，2016，8（7）：89－92.

新时代背景下提升高校国际税收课程建设水平的思考

李优树

（四川大学经济学院国际经济与贸易系）

摘　要：习近平总书记在2020年9月发表的《思政课是落实立德树人根本任务的关键课程》一文对高校办好思政教育具有鲜明深刻的指导作用。本文以国际税收课程建设为例，融入思政教育，从当前最新国际背景出发，分析“百年未有之大变局”背景下国际税收课程建设的机遇和挑战，提出提升国际税收课程建设水平的有效路径。

关键词：国际税收；课程建设；思政教育

引言

2020年9月1日，《求是》杂志发表了习近平总书记的重要文章——《思政课是落实立德树人根本任务的关键课程》。文章指出要推动思政课改革创新，不断增强思政课的思想性、理论性和亲和力、针对性[①]。持续深入学习贯彻习近平总书记在学校思想政治理论课教师座谈会上的重要讲话精神是当前和今后一段时期教育战线的一项重要政治任务。国际税收课程，不仅要传授国际税收理论和知识，还要在帮助学生理解国际税收规则的基础上，培养学生帮助企业解决跨国经营所面临的具体国际税收问题的能力；做到理论联系实际，为国家培养适合跨国经营、能处理跨境业务税务相关问题的人才。国际税收问题，涉及国家间税收利益的分配，在教学时一定要注意进行课程思政教育，要引导

① 习近平：《思政课是落实立德树人根本任务的关键课程》，《求是》，2020年第17期，第4～16页。

学生树立保护国家税收利益的观念。将思政元素融入国际税收课程，不是简单的“国际税收”课程加“思政”课程，或是在国际税收课程中拨出几节课讲授思政课程，而是要在国际税收教学体系、课堂教学、专业教师课程思政建设能力、评价机制等多方面融入思政元素。本文结合当前的国际形势，分析“百年未有之大变局”这一宏大论断给国际税收课程建设带来的机遇与挑战，在此基础上就国际税收课程建设提出相关建议。

一、新形势下国际税收课程建设的重要国际背景

“国际税收”是2018年《普通高等学校财政学类本科专业教学质量国家标准》中规定的税收学专业必修的核心课程之一。本课程有助于培养学生的国际视野，帮助学生在全球经济和社会背景下理解国家之间的税收竞争和税收协议。因此，国际税收课程建设的首要任务是帮助学生深刻理解国际背景的内涵，可以从时代内涵、历史方位和近期特征三个维度来把握。

其一，必须深刻理解“百年未有之大变局”的时代内涵。习近平总书记在党的十九大报告中，结合“大变革”时代趋势对当今世界格局作出重要判断——世界正处于大发展大变革大调整时期，和平与发展仍然是时代主题，世界多极化、经济全球化、社会信息化、文化多样化深入发展。这一判断是理解“百年未有之大变局”的重要依据，可从三个方面把握：一是“大变革”与“大发展”“大调整”同时出现；“大发展”是基本趋势，“大发展”必然形成“大变革”，必然带来“大调整”，我们要正视当前“大发展大变革大调整”力度之强大。这些因素都对当前国际关系产生了深远影响，呼唤着对国际规则包括国际税收秩序的调整乃至重塑。二是“大变革”正在形成新的世界格局，体现其动态特征的就是“大变局”；对于“大变革”带来的世界格局，习近平总书记在2019年5月的亚洲文明对话大会上概括调整为“世界多极化、经济全球化、文化多样化、社会信息化”[①]。“世界多极化”置于特征之首，表明国家间政治关系是影响世界发展的首要因素。“经济全球化”作为第二特征，既表明全球化仍然是主流，也警示全球化正遭遇保护主义、单边主义等逆流。“文化多样化”的强调彰显了作为最深沉最重要的文化因素对国际关系的作用，突出了大变革下深化不同文化间交流的重要性。而“社会信息化”的演进，以

① 习近平：《深化文明交流互鉴　共建亚洲命运共同体——在亚洲文明对话大会开幕式上的主旨演讲》，《思想政治工作研究》，2019年第6期，第4～6页。

大数据、云计算、人工智能为代表的新兴技术引致深刻变革，为各国发展提供了增长动能和发展路径。国际税收课程授课内容要同时关注到当前全球化和逆全球化的双向趋势。三是要在“不变”与“变”、“已变”与“未变”中辩证理解大变局。就“不变”与“变”而言，不变的是“和平与发展”的时代主题，在大变局中，“不变”因素要长期坚持，在此前提下看待变革。就“已变”与“未变”而言，当前世界格局特征相对于过去就是“已变”，相对于未来则是“未变”，必须能预期变化，未雨绸缪，这些把握对在大变局下研究国际税收关系意义重大。

其二，必须深刻把握“百年未有之大变局”的历史方位。“百年未有之”对应的既是中华民族百年来不断复兴崛起及其过程中的国际环境的变化，是立足现在，展望未来“两个一百年”奋斗目标所面临的世界新格局，也是数百年来社会主义经历探索、发展、陷入低潮又蓬勃发展之路，其中最具代表性的是中国特色社会主义走向成功的实践。“百年未有之”这一纵向维度凸显的是中国特色社会主义道路给世界、给国际税收课程建设带来的新机遇。

其三，必须全面把握“百年未有之大变局”的当前特征。习近平主席在2018年7月25日金砖国家工商论坛会议上将“百年未有之大变局”对未来十年的国际影响归纳为“新旧动能转换、力量对比变化、体系深刻重塑”三个方面，这是把握未来十年大变局走势及其对国际税收研究影响的重要依据①。

二、新形势下国际税收课程建设的机遇与挑战

对于国际税收理论界而言，需要依据新国际格局变化认识“百年未有之大变局”给国际税收领域带来的机遇与挑战。

第一，在国际税收授课过程中把握世界格局特征动态变化给国际税收、国际关系带来的机遇与挑战。一是当世界多极化的重要性愈发凸显，必须多从国际政治视角来看待国际税收关系。在世界多极化进程中，新兴经济体与发展中国家在全球治理中的作用在提升，中国特色发展道路越来越举世瞩目，这些力量理应在国际税收规则制定中表现为拥有更多话语权。二是当前逆全球化力量有所抬头，在世界经济下行阶段国际税收协调出现新的表现形式，明确我国是在维护经济全球化中推动多边和次多边国际税收合作。三是国际税收关系受到

① 习近平：《共同开创金砖合作第二个“金色十年”——在金砖国家工商论坛开幕式上的讲话》，《中国应急管理》，2017年第9期，第4～6页。

“文化多样性”的影响，主权国家文化交往已成为影响国家间税收关系的重要因素，因此，国际税收课程建设要尊重各国文化的正确价值观。四是“社会信息化”给各国税制建设和国家间税收关系带来了新挑战，培养新的国际税收人才要更加注重其应对新技术、新产业、新业态的能力。

第二，数字经济呼唤税收规则变化和国家利益之争加剧，必须认识到国际税收课程建设要符合大趋势，特别要重视数字贸易规则改革。数字经济发展是当前国际经济发展的大势所趋，当前，美国数字经济规模居全球之首，中国保持全球第二大数字经济体地位，其他发达国家和新兴经济体也在全力布局。数字经济发展改变各国贸易投资方式，重塑国际利益分配格局，数字经济伴随的虚拟性更是冲击传统税收管辖权划分原则。国际税收课程核心内容要紧随课税主体、征税对象、税源管控等各方面国内税制改革，增加数字经济与国际税收专题课程内容。

第三，国际新形势下主权国家间税收竞争合作与跨国资本流动正呈现出新特点，给国际税收领域带来新的影响。国际税收课程涉及的领域主要涵盖必要课税、避税反避税、避免双重征税、税收竞争等，这些国际税收活动体现了两类关系，一是存在于主权国家之间的税收关系，二是主权国家作为整体与跨国资本作为整体的税收关系。必须看到，在大变局下，这些关系始终存在，但已经有了新特点，如在今天的大变局时代，政治因素已经强于经济因素，发达国家的税收竞争更多地表现出保护主义色彩，不同发展道路和采用不同市场经济体制的国家的国际税收制度和政策均有不同，国际税收课程建设秉承正确的政治立场，深刻理解国际税收竞争和合作新走势显得极为重要。

三、新形势下国际税收课程建设再思考

基于国际最新形势和习近平总书记“思政育人”的思想，结合国际税收理论联系实际的课程定位，本文认为国际税收课程有必要从教学内容、教学方法和评价体系三个方面完善教学建设。

调整国际税收教学内容。国际税收理论和实践都处于快速发展时期，在国际税收教学内容上必须做到与时俱进，要依据世界格局之变来调整现有国际税收课程的教学重点，最新的教学内容要反映最新的国际税收实践。一是动态引入国际税收理论和实践的最新变化。现有的国际税收教学内容包括国际税收概念、税收管辖权、国际重复征税及其消除、国际避税概念及其方法、转让定价及其税务管理、其他反避税法规和国际税收协定等，从体系上看比较完整，但

国际税收教学内容应该动态调整，除了保留国际税收基本理论和规则，更应该考虑当前正处于国际税收规则重建的重要时期，需要在教学中体现这种动态变化。二是面对社会信息化的挑战，要从高校教育中做好迎接数字经济挑战的准备，学术研究与教学内容并肩齐步，加强对数字税收课税方案、国际税收规则调整、税收利益重新分配等领域的理论研究，认真讨论数字经济征税权、征税对象认定标准、收入分配原则等新课题。课程教学应该展示数字经济下各国税收制度的变化，引导学生讨论数字经济给国际税收带来的挑战和应对措施。三是紧密结合突发的国际公共卫生安全事件。例如，讲到转让定价相关章节时，可以引入此次新冠肺炎疫情的影响，启发学生思考特殊突发事件对转让定价的影响、对企业转让定价风险的影响等。

提升国际税收教学方法。培养学生的实践应用能力，培养学生在理解国际税收规则的基础上具备解决企业跨国经营所面临的具体国际税收问题的能力，也是这一课程的定位要求。对应地，教学方法也应该做相应的调整。一是突出案例教学的核心地位。目前的教学过程中，案例教学主要有两类：一类是教师挑选经典案例进行精要分析，另一类是允许学生在课后商讨选择案例在课堂上进行小组展示。囿于经典案例一成不变的分析模式和学生选择的案例缺乏代表性的缺陷，在教学方法的改进中，需要逐步建立起案例库，基于真实案例进行必要的改编，不断更新案例，既要包括国外的知名案例也要包括国内的典型案例，而且尽量选择新近发生的案例。二是线上线下引入实践专家进入课堂。国际税收课程旨在培养高素质的应用型人才，精选实践性较强的章节，可采用线上视频或专家进课堂的多样化形式进行教学，让学生了解国际税收的最新发展前沿，设置实践场景，培养学生灵活运用国际税收理论知识解决实践问题的能力。三是综合运用当前的网络教学手段。新冠肺炎疫情期间线上教学作为炙手可热的方式，有效地解决了无法面对面教学的困难。疫情过后，录制微视频等教学方式可以考虑作为课堂教学的补充方式，在学生未能完整理解某个知识点或在预习复习时进行观看，更好地提升教学效果。

强化国际税收思政教育。将思政教育融入国际税收课程具有极大的必要性和重要性。从社会科学的研究立场来看，用社会科学的研究方法有效地融入社会主义核心价值观，引导学生树立正确的观念，是社会科学学科的重要任务之一。结合习近平总书记的思政教育思想，本文认为国际税收课程与思政教育的融合途径有以下两点：一是将学生职业道德、理想信念等评价指标加入课程培养目标。教师不单单是授予学生专业的理论知识，更要将立德树人作为教学的根本任务，结合当前的国际形势，塑造大学生正确的价值观、人生观和世界观，增强学生的道路自信、理论自信、制度自信和文化自信。二是提升教师的德育水平。在学业上，教师与大学生接触的时间最长、对大学生的影响最大，因此专业教师要围绕国际税收课程培养目标，主动深入掌握专业知识、提升自身德育水平，适应时代进步和事业发展的要求，广泛学习政治、文化、国际关系等各方面知识，与学生不定期进行深层次的思政教学交流和研讨。

参考文献

[1] 习近平. 思政课是落实立德树人根本任务的关键课程 [J]. 求是，2020 (17)：4—16.

[2] 习近平. 深化文明交流互鉴　共建亚洲命运共同体——在亚洲文明对话大会开幕式上的主旨演讲 [J]. 思想政治工作研究，2019 (6)：4—6.

[3] 习近平. 共同开创金砖合作第二个“金色十年”——在金砖国家工商论坛开幕式上的讲话 [J]. 中国应急管理，2017 (9)：4—6.

[4] 邓力平. 百年未有之大变局下的中国国际税收研究 [J]. 国际税收，2020 (2)：3—9.

[5] 朱青，杨宁. 关于 OECD 应对经济数字化国际税收改革方案的评论 [J]. 国际税收，2020 (8)：3—7.

[6] 罗秦. 国际税收治理从双边到多边的演进：新格局、新挑战及新趋势 [J]. 国际税收，2021 (1)：20—26.

新时代课程思政内涵及实现路径
——以经济学类课程为例

林　垚

（四川大学经济学院国际经济与贸易系）

摘　要：课程思政是在专业知识的学习中引入思想政治教育元素，对学生进行全方位培养、实现立德树人的教育模式。本文总结了课程思政的基本内涵，在此基础上，以经济学的课程思政为例，从教学内容改革、教学方式改革、评价体系改革三个方面探索了课程思政的实践路径。

关键词：课程思政；经济学；教学设计

引言

高校教育是培养高质量人才的关键一环，也是立德树人的前沿阵地。随着教学专业化程度的不断提高，高校各类课程之间的融通性也在逐渐降低。对于学生的世界观、人生观和价值观形成颇为重要的思想政治课程，由于在教学内容和评价体系等方面都与专业课程相对孤立，不可避免地出现了关注不充分的现象。为此，习近平总书记在2016年全国高校思想政治工作会议上强调，“要坚持把立德树人作为中心环节，把思想政治工作贯穿教育教学全过程，实现全程育人、全方位育人”。在教学改革的过程中，“各门课都要守好一段渠、种好责任田，使各类课程与思想政治理论课同向同行，形成协同效应”。[①] 这一讲话体现了从“思政课程”到“课程思政”的建设思路的转变，为高校未来思想政治教育的改革指明了方向。

与传统的思政课程相比，课程思政一方面将思想政治教育融于专业课的教学中，以更加亲切、更加灵活的方式呈现，使得学生更易接受和理解；另一方

① 张烁：《习近平在全国高校思想政治工作会议上强调：把思想政治工作贯穿教育教学全过程 开创我国高等教育事业发展新局面》，《人民日报》，2016年12月9日第1版。

面课程思政也扩展了原有专业课的内涵，使学生得以跳出原有的专业知识领域，以一种辩证的思维来重新审视所学的内容，加深了对所学专业的理解。因此，课程思政具有一些传统思政课程不可比拟的优势，是新时代思想政治教育发展的重要方向。

一、新时代课程思政的内涵

课程思政是将思想政治教育元素融入专业课程的教学中，潜移默化地对学生的思想意识、理想信念产生影响的一种教学方式。课程思政的目的是在传道授业中实现“育才”和“育德”的有机结合。通过课程思政的培养，学生不仅对于马克思主义的理想信念更加坚定，对中国国情、中国制度和中国现象也会有更多了解。这将有利于学生树立正确的国家观、民族观、历史观和文化观，成为中国特色社会主义事业的可靠接班人。课程思政在内涵上与传统思想政治教育有所不同，这主要体现在以下几个方面。

（一）课程思政的理念是协同育人

课程思政要求专业课程与思想政治教育同向同行，实现协同育人。思想政治工作和人才培养应该实现有机统一，不能成为彼此孤立的“两张皮”。课程思政所践行的就是把立德树人和专业课程学习结合起来，把教书育人规律和学生成长规律结合起来，将思想政治工作内化到教学体系和管理体系中，使思想政治教育融入教师的每一个课堂，贯穿学生的每一步成长。在这一过程中，作为教育主体的教师需要破除专业知识领域所呈现的片面和狭隘思想，深入挖掘专业课程中所蕴含的价值追求，从人文主义关怀的角度看待科学公理，将社会主义核心价值观融入教学过程。同时，教师和学校各单位部门都应该深刻理解课程思政的内涵，摒弃偏见，打破壁垒，共同服务于课程思政建设。只有在全员育人、全过程育人、全方位育人的“三全育人”的大思政格局下，着重提高知识传授与价值塑造之间的互动，才能实现协同育人的基本理念。

（二）课程思政的结构是多元立体

课程思政结构的立体性体现在多个方面。首先，课程思政建设是一项系统性工程，需要各个学科、各个部门密切配合，构建一个大的课程思政框架。国家、学校和各个学院应该充分重视、大力支持课程思政的建设，为课程思政的全面开展做好体制机制的准备工作、管理工作和监督工作。其次，课程思政的建设需要教师在教学内容、教学方法和评价机制等方面进行系统性创新。这就要求教师在将思政元素融入通识教育的同时，注重理论与实际的联系、培养方式和考核机制的联系，通过全方位的改革激发学生学习兴趣，夯实学生学习成果。最后，课程思政应该实现知识传授、价值塑造和能力培养的多元统一。在这一过程中教师不仅是知识的传播者，更重要的是学生人生的引路人。课程思政要求教师在教授知识的同时，重视对学生正确世界观、人生观和价值观的培养，重视对学生能力的培养，实质性地介入学生思想发展和能力提高的困境，帮助他们在日常生活中全面提高，这样才能为社会培养更多德智体美劳全面发展的优秀人才。

（三）课程思政的方法是显隐结合

课程思政要在学生中获得集体认同，就需要采取显性教育与隐形教育相结合的方式。在长期的思政教育课程建设中，马克思主义基本原理、中国特色社会主义理论等课程的开设通过一种专门性、系统性的方式对学生的思想行为产生影响，起到了价值塑造、道德规范的作用，即“显性”思想政治教育。然而这种传统的思想政治教育更多的是依赖教师向学生“灌输”理想信念，这容易引起学生无意识的排斥。“隐性”思想政治教育是将思政元素融入知识传授的过程中，打破了学生对于思政说教的刻板印象，使其在无意识中接受价值引领并且实现了思想道德的重塑，达到了一种“润物细无声”的效果。课程思政的这种“隐性”教育克服了“显性”思政课程普遍存在的内容空洞、形式泛化问题，通过隐蔽渗透的方式感染学生，让学生在学习专业知识和技能的同时受到道德教育的熏陶，从而潜移默化地影响学生的思想、行为和价值选择。在显性教育和隐性教育相结合的框架下，学生既能接受马克思主义教育的系统培养，又能在课程学习中增强思想认同，从而实现国家意识、文化自信和人格养成等思想政治教育目标。

（四）课程思政的思维是守正创新

课程思政强调用辩证唯物主义和历史唯物主义的思维方式去思考问题，抵制各种错误观念和思潮的侵蚀。尤其是在当下国际社会意识形态风云变幻，享乐主义、娱乐至上的观念甚嚣尘上的时代，思想政治教育更要守住底线。教师要用马克思主义的立场、观点和方法去启发和引导学生，让他们认识到错误思想和错误言论的危害，自觉地抵御歪风邪气的侵蚀。同时，课程思政也要求授课教师与时俱进、开拓创新。在授课内容方面，教师要将马克思主义的普遍真理同中国的实际情况相结合，引导学生关注时代问题、把握时代精神，探究马克思主义在当前社会环境下的新语境。在授课方法方面，教师也要大力发扬创新精神，引入课堂展示、小组讨论、线上交流、教学反馈等多种形式，加强与学生的交流和沟通，使学生接受知识和教化的方式更加有效，内心体验更加持久。课程思政要坚守马克思主义真理、坚守社会主义核心价值观，同时也要以新思维催生新思路、以新思路谋求新发展。

二、新时代课程思政的实现路径

课程思政的提出和广泛推广对高校的教育工作者提出了新的要求。为了实现全方位育德树人的目的，高校的教育工作者需要充分挖掘专业课程中的思政元素，将其转化为具体化、生动化的有效教学载体，通过一种“润物细无声”的方式将思政教育的内容呈现，对学生进行理想信念层面的精神指引。在这一过程中，无论是教学内容、教学方式还是评价体系都要进行相应的调整。下文就以经济学的课程思政建设为例来具体说明。

（一）经济学课程思政的教学内容改革

我国目前的经济学课程以西方经济学为主体，这一体系的核心是西方资产阶级研究经济现象的方法，目前得到了全世界经济学家的广泛采用。然而该理论是西方经济学家在总结和研究资本主义市场经济的基础上形成的，具有比较明显的历史局限性，也与我国现行的社会主义经济体制有一定的差异。这就要求教师在教学的过程中采用辩证的教学方法对学生进行引导，对课程内容中不准确和不合适的部分加以说明，帮助学生树立正确的历史唯物主义观念，对经济学这门学科产生更为全面的认知。

西方经济学是一门逻辑严谨的学科，在生产和消费、市场经济运行规律以及宏观经济调控等方面都有着成熟的理论。然而西方经济学是建立在资本主义经济体制之上的，存在着比较明显的局限性。

首先，西方经济学对意识形态问题避而不谈，这并不是因为西方经济学家没有认识到这一问题，而是无法辩驳资本主义对于工人阶级的剥削本质。马克思在其《资本论》中提出了剩余价值理论，指出资本家支付工人的工资远远低于其自身所创造的价值，在这种情况下劳动者所创造的价值被资产阶级无偿占有，工人所获得的是仅能维持生计的微薄收入，社会贫富差距持续扩大。西方经济学在进行福利分析的时候，往往对这种剥削和贫富差距的扩大视而不见，以代表性消费者的效用函数来衡量社会福利。这显然是对于社会现实的有意识的忽略，其根源在于资本主义制度本身无法回避的缺陷。教师在教学的过程中理应对这一问题进行辩证说明，以纠正学生对于西方经济学的盲目相信。

其次，西方经济学所代表的阶级立场具有历史局限性。西方经济学是经济学家对资本主义市场的运行规律的总结，然而受到阶级思维局限性的影响，其理论体系中也有很多无法解释或者不能自圆其说的现象。斯密和李嘉图所建立的古典经济学，以优美的形式证明了商品价格和工资的调整能够使得各个市场同时出清，政府只需充当市场的守夜人，整个经济便可完美运行。然而这一理论忽略了意识形态和阶级立场，忽略了当时资本家和工人之间存在的普遍矛盾。马克思通过剩余价值论揭露了资本主义不公正的根源，并且进一步指出随着整个社会的财富不断向富人积累，生产过程中资本有机构成将会不断提高，这将导致资本对劳动的需求相对或者绝对地减少，造成劳动力的相对过剩，长期的萧条和衰退在所难免。因此，资本主义本身就具有无法清除的痼疾，注定是要被一种更加高级的社会意识形态取代的。随着西方国家在20世纪初先后由自由市场经济进入垄断寡头经济，马克思所预言的贫富差距扩大以及社会矛盾加剧等现象一一应验，在1929年到1933年更是爆发了前所未有的大萧条和大危机。这导致西方资本主义国家普遍放弃了自由放任的市场管理方式，由政府全面介入宏观调控。因此，西方经济学尽管论证严谨、理论完备，但它并不是一种历史唯物主义的思维方式，教师在教学过程中应对学生加以启发，思考西方经济学的历史局限性在何，社会主义制度的优越性在何。

再次，西方经济学正面临着越来越严峻的挑战。西方经济学成立的基础是一系列的假设和前提，然而随着科学技术的进步和生产消费形式的变化，这些假设前提的有效性也不断受到质疑，从而影响了其对现有问题的解释力度。比如20世纪80年代后期到2008年间，美国经历了较长时间的温和通胀和持续增长，加上信息革命的驱动，全球经济体笼罩在一片繁荣之中。众多经济学高呼资本主义已经进入了“大缓和”的时代。2008年美国次贷危机的发生给了乐观的西方经济学家当头一棒，人们认识到由理性投资者所组成的“有效”市场是不存在的。在市场上普遍存在信息不对称的情况下，疏于监管将会造成市场秩序混乱、金融风险累积，最终由局部风险发酵成为系统性风险，在特定情况下集中爆发，危及整个经济体。这充分说明西方经济学的理论发展有较强的滞后性。教师应该启发学生关注现实问题，批判性地采用西方经济学的理论并结合中国实际进行思考，得出有益于社会主义经济建设的结论。

当然，以上内容只是在大方向上对课程思政内容改革加以说明，实际上思政教育贯穿整个教学过程，教师在不同的章节应该使用不同的国内外经济发展史实来启发同学们思考。笔者对课程思政的教学内容改革的部分举例可以总结为表1。

表1 经济学课程思政教学内容改革

章节	专业教学目标	思政素材	思政教学目标
导言	掌握经济学的基本研究方法	西方经济学与马克思政治经济学的差异	理解西方经济学的历史局限性，认识到西方经济学面临的挑战
市场如何运行	了解市场经济条件下的最优配置问题，理解理性人假设与亚当·斯密看不见的手理论	资本主义和社会主义在资源配置方面的异同，个人利益最大化与社会主义核心价值观的冲突	理解资本主义和社会主义在资源配置方面的差异，理解党和政府在各个阶段的经济改革思路，用辩证的观点看待经济学的理性人假设、我们传统的崇尚集体利益和利他性价值观的对立统一
生产者理论	理解成本最小化和利润最大化，理解不同市场类型下厂商的生产行为	垄断条件下厂商产量和自由竞争下厂商产量的差异，1929—1933年大萧条的产生背景	理解在边际报酬递增的生产领域，自由市场过渡到寡头垄断是一种必然，认识到垄断对于经济正常运行的危害，认识到资本主义的历史局限性
消费者理论	理解效用最大化问题以及边际效用递减效应	预算约束下消费行为选择，不同时期消费之间的跨期替代	引导学生形成合理的消费观念和消费习惯，强调理性消费，帮助学生形成合理储蓄的习惯
公共品	理解公共品的概念，理解外部性的存在以及其对市场经济造成的影响	正外部性导致的生产不足以及负外部性导致的消费过度，如搭便车问题、公地悲剧、环境污染等问题	理解外部性的广泛存在，比如自习室占座导致了公共资源拥挤，不法厂商在生产过程中大量排放废弃物对环境造成了极大危害。帮助同学们从整个社会福利的角度思考问题，树立正确的价值观

续表

章节	专业教学目标	思政素材	思政教学目标
社会福利	理解福利经济学的基本定理，理解帕累托最优	我国的西部大开发政策、脱贫攻坚战	理解我国的西部大开发战略和最近取得的脱贫攻坚战的全面胜利对于经济发展和社会福利增进的重大意义，强化学生的自豪感和民族认同感

（二）经济学课程思政的教学方式改革

在课程思政的践行过程中，专业知识与思政案例的结合不仅需要教师在教学内容上大幅调整，也需要在教学模式上进行一系列的改革。

首先，在教学手段上，新媒体、自媒体以及新兴衍生媒体的迅猛发展深刻地改变了年轻人获取信息、沟通感情的方式，也在很大程度上改变了学生的学习环境。基于此，信息技术特别是互联网与教育教学的深度融合已成为必然趋势，将推动高校教育的跨界融合与创新发展。网络教学的其中一个优势在于灵活的时间安排和专注的学习体验，比如学生总是热衷通过观看网络短视频的方式来学习他们感兴趣的知识。因此教师可以将思政内容转换为学生感兴趣的教学视频短片，充分利用年轻人对于短视频的喜爱来激发他们的学习热情。网络教学的另一个巨大优势在于学习可以突破空间的限制。比如 2020 年上半年受到新冠肺炎疫情的影响，多数学生不能返校上课，各级教育系统就充分借助了在线教学软件完成远程教学。腾讯会议、腾讯课堂、钉钉、雨课堂等软件使得师生之间的交流变得高效流畅。在恢复正常上课之后，线上线下相结合的教学模式得以保留下来。这些教学手段上的变革大大推动了教学效率的提升。教育与科技深度结合的最为典型的案例是慕课平台的诞生。在慕课平台上，学生可以自由选择学习的时间和地点，这种形式突破了空间上的限制，也使得大规模的共同学习成为可能。各种科技手段的加入让学生对知识点的理解更加容易，也让课堂变得妙趣横生。因此，利用慕课平台的优势，将更多带有思政内容的课程加入平台，将会对整个社会政治素养的提高产生积极影响。

其次，在教学方法上，教师应该摒弃传统的填鸭式教学方法，多以案例分析、热点问题讨论、师生交流互动等方式来帮助学生理解思政内涵，提升其道德修养。简单粗暴的思想灌输只会招来学生的反感，而充满人文关怀的耐心引导才能引起学生的思想共鸣。

（1）案例分析。启发学生思考的最有效直观的方式就是引入思政案例，因为案例分析是以事实为依据，通过对事实的分析得出结论，而不是先入为主地引入概念。在案例分析中学生是在自主思考的基础上得出结论的，这样能够显著增强他们的认同感，也能让思政观念的渗透更加持久，达到终身育人的目的。比如引入西方国家封锁华为的案例，学生就能深切地感受到资本主义国家并不是像他们鼓吹的那样崇尚自由竞争，当自身利益受到损害时他们会不惜一切代价打压竞争对手。通过这个案例分析学生能够切身感受到资本主义国家的虚伪，也认识到要摆脱发达国家的束缚只有通过自主研发，相信这个思想观念将使他们终身受益。

（2）热点问题讨论。热点问题讨论有两个显著优势：一是能够引导学生对于当下时政热点问题的关注，激发他们的学习热情；二是讨论的热点问题并没有一成不变的答案，学生需要在思考的过程中自主挖掘思政元素，实现自我学习。比如讨论新冠肺炎疫情在全球的治理，不同国家因为政治体制和实际国情不同而产生了迥异的治理后果，那么究竟何种体制更有利于经济发展和人民利益呢？这样的问题提出后必然引起学生的热烈讨论，学生在相互交流中能够得到思维上的长足进步。

（3）师生交流互动。教师必须要与学生建立一种尊重、友好、融洽的互动关系。教师在教学过程中应该加深对于学生思想的了解，贴近学生的生活实际，把思政教育的“大道理”和日常生活的“小事情”结合起来，打破传统说教高高在上的时弊。同时，教师也要注重课堂反馈，从学生的切实感受出发，思考课程思政的效果以及其中有待改进的方面。师生之间应该在一种互相帮助、互相学习的心态下实现学生思想水平和教师教育水平的同步提高。

当然，以上举例只是课程思政教学方法改革的一小部分，还有很多尚待挖掘和完善的教学方法改革思路，在此就不一一列举。

（三）经济学课程思政的评价体系改革

课程思政的内容和形式的改革也要求其评价体系做出相应的调整以巩固教学效果。不同于以往只注重知识结构的单一考察方式，课程思政要求教师在测评体系中纳入道德素养、价值认知、综合能力等维度，实现对学生的全面培养。为了达到这一目的，应结合过程性评价和总结性评价两种形式来全面检查课程思政的实践效果。

过程性评价是指教师在平常的教学环节中对于学生学习过程、阶段性成果进行打分。比较典型的例子有课堂提问、课堂展示、调研报告、课外实践等。

过程性评价能够督促学生及时复习所学知识、培养其专业能力。在特定的过程性评价形式如小组课堂展示中，学生还能够获得团队精神以及社会责任感的培养。过程性评价既要考查学生对于所学专业知识的理解，也要考查学生的综合能力、道德素养、价值取向等多个方面，实现从一元考核向多元考核的优化。过程性评价占总成绩的比重相对于以往应有所提高，以突出课程思政注重思想渗透和能力养成的特点。

总结性评价是指教师在期末对学生知识理解程度进行打分，大多数情况以期末考试成绩来评定。这就要求教师在试卷内容设计的过程中匠心独运，将思政元素和专业知识的考查融为一体。比如在主观题中引入体现中国特色社会主义市场经济制度优越性的思政案例，就能够同时考查学生对于经济学专业知识和马克思主义中国化的理解。

三、结语

课程思政是在专业知识的学习中引入思想道德的培养，通过一种隐性的教育方式实现了对学生能力的培养和价值观的塑造，对高校培养思想先进、素质过硬的优秀人才起到了十分重要的作用。当前国际形势风云变幻，逆全球化浪潮兴起、保护主义思维抬头等不利因素对中国经济的进一步发展产生了潜在的威胁。在这一背景下，各类课程与思想政治理论课同向同行，形成协同效应，共同培养学生坚定的政治方向、深厚的爱国情怀和高度的社会责任感成为时代的必然要求。经济学作为一门对国计民生有关键影响的学科，应该从教学内容、教学方式、评价体系等方向进行全面的创新和改革，实现全员育人、全程育人、全方位育人的“三全育人”的理念，不断增强学生对中国特色社会主义的道路自信、理论自信、制度自信和文化自信，为中国特色社会主义市场经济的建设输送“又红又专”的优秀人才。

当然，课程思政是一项系统性工程，其建设和推广必须有政府和学校各个相关部门的高度重视和广泛协调。这就更要求决策者加强顶层设计，建立政府、学校、教师之间高效的三级联动机制，为课程思政建设的推进提供组织保障和制度保障。作为教育主体的教师应该在总结、借鉴已有经验的基础上，集思广益，积极探索，钻研和改进育人体系，不断提高思政教育的成效，培养更多社会主义事业的可靠接班人。

参考文献：

[1] 毕晶. 构建“课程思政”的“三位一体”——以《经济学》课程为例 [J]. 山西财经大学学报，2020，42（S2）：57－60+71.

[2] 陈娟，齐玮. 经济学专业课程思政教学探索与实践——以“产业经济学”为例 [J]. 教育教学论坛，2021（6）：121－124.

[3] 巩茹敏，林铁松. 课程思政：隐性思想政治教育的新形态 [J]. 教学与研究，2019（6）：45－51.

[4] 靳卫萍. 经济学原理课程思政的初步实践 [J]. 中国大学教学，2020（Z1）：54－59.

[5] 马然. 将思政教育元素融入对分课堂的“全方位育人”教学模式改革探究——以“人力资源管理”课程为例 [J]. 高等教育研究学报，2020，43（2）：105－110+120.

[6] 马艳艳，任曙明. “经济学原理”课程思政教育实现路径探索 [J]. 黑龙江教育（高教研究与评估），2019（8）：1－3.

[7] 王小红，张弘，张勇. 经济学课程思政教学设计与实践 [J]. 教育与教学研究，2021，35（2）：75－85.

[8] 王学俭，石岩. 新时代课程思政的内涵、特点、难点及应对策略 [J]. 新疆师范大学学报（哲学社会科学版），2020，41（2）：50－58.

国际金融课程思政的若干思考

马德功

（四川大学经济学院金融系）

摘　要：课程思政是培育学生社会主义核心价值观，落实高等学校立德树人根本任务的必然要求。应当深入系统挖掘国际金融课程的思政元素，设置完善的课程思政方案，在国际金融课程的教学内容、教学过程和教学考核中融入中国元素、中国智慧、中国方案，在给学生传授国际金融专业知识和理论的同时，培育学生的时代担当和主动作为，为我国金融领域的高水平开放做贡献。

关键词：课程思政；国际金融；中国元素；高水平开放

引言：从“思政课程”到“课程思政”

“课程思政”是指在专业课程教学中坚持“一课双责”，即各门课程既要讲授专业知识，又要注重对学生的价值引领，传递向上向善的正能量，加强理想信念教育，厚植爱国主义情怀，把社会主义核心价值观教育融入专业教学各环节，深入开展道德教育和社会责任教育，引导学生养成良好的道德品质和行为习惯。

教育部2020年6月印发的《高等学校课程思政建设指导纲要》指出：落实立德树人根本任务，必须将价值塑造、知识传授和能力培养三者融为一体、不可割裂。全面推进课程思政建设，就是要寓价值观引导于知识传授和能力培养之中，帮助学生塑造正确的世界观、人生观、价值观，这是人才培养的应有之义，更是必备内容[①]。要让学生通过学习，掌握事物发展规律，通晓天下道理，丰富学识，增长见识，塑造品格。因此，在高校金融类专业开展课程思政建设，将金融理论与思政理论相融合，有助于增强学生对中国特色社会主义的“四个自信”，形成正确的价值导向和勇于担当、敢于负责的意志品质。

习近平总书记在2016年的全国高校思想政治工作会议中强调，高校思想政治工作关系高校培养什么样的人、如何培养人以及为谁培养人这个根本问题。要坚持把立德树人作为中心环节，把思想政治工作贯穿教育教学全过程，实现全程育人、全方位育人，努力开创我国高等教育事业发展新局面[②]。所有课堂都有育人功能，不能把思想政治工作只当作思想政治理论课的事。要把做人做事的基本道理、社会主义核心价值观的要求、实现民族复兴的理想及责任融入各类课程教学之中，使各类课程与思想政治理论课同向同行，形成协同效应。

习近平总书记的这一重要讲话为新时代我国高校思政教育发展奠定了思想和理论基础，为建设和完善高校专业课程思政教育体系，充分发挥思政教育在专业课程教育中的价值引领作用，形成思政课程与专业课程在思政育人过程中的协同效应指明了方向。

一、在国际金融课程教学中融入思政元素

国际金融课程是金融系学生的专业核心课程之一，肩负着为国家培养金融人才的重任，在国际金融课程教学中融入思政育人元素，是高等学校金融类专业通过课程思政完成立德树人根本任务的重要体现。在大力推进高校课程思政建设的背景下，如何在本课程教学中融入中国元素、中国智慧和中国方案，如何在国际金融理论和知识的传授中树立明确的思政育人的意识，对学生进行潜移默化的思政影响，引导和培育学生树立正确的人生观，在专业知识的培养中提升学生道德素养和服务国家服务人民的责任和担当，如何立足中国特色社会主义金融体制，为党和国家培养社会主义的建设者和接班人，是高等教育立德树人根本任务的需要，也是国际金融课程思政育人的宗旨和目标。

国际金融课程的理论、知识及实践的内容，蕴含着丰富的思政内容，要深

---

① 《教育部关于印发〈高等学校课程思政建设指导纲要〉的通知》，http://www.moe.gov.cn/srcsite/A08/s7056/202006/t20200603_462437.html。

② 张烁：《习近平在全国高校思想政治工作会议上强调：把思想政治工作贯穿教育教学全过程 开创我国高等教育事业发展新局面》，《人民日报》，2016年12月9日第1版。

度挖掘、深化认识、提炼升华国际金融理论和知识架构中的思政元素，挖掘和提炼国际金融理论和实践中的中国元素、中国智慧和中国方案，将这些元素、智慧和方案有机地融入国际金融理论知识的课堂讲授、课堂讨论及课外的思考与练习中，同时要努力将本课程思政所形成的理念和认知转化为修读本课程的学生在学习和研究国际金融理论和知识，在运用国际金融理论和知识分析中国和世界的实际问题，乃至在未来从事国际金融业务过程中的行为自觉。

二、国际收支理论和实践与我国系统性金融风险防控

国际收支描述的是一国居民与非居民[①]之间在一定时期内全部经济交易的情况，通常用财务报表的形式来反映，若官方结算差额中的贷方余额与借方余额出现不一致，意味着国际收支出现失衡。一国国际收支的均衡又被称作一国的外部经济的均衡，当一国国际收支出现严重失衡时会严重影响到一国宏观经济的运行和经济的可持续发展。因此，各国政府非常重视各自经济的可持续发展，往往会运用货币政策对一国经济的外部失衡进行调节。学者们对国际收支问题及其调节政策的研究发展了国际收支的调节理论。

国际收支账户中的金融账户，反映了一国居民与非居民之间金融资产的交易，该账户全面开放时会严重影响资本的国际流动，抑或会导致大量资本的外逃，或大量外来资本的内部冲击，进而从外部加剧一国的系统性金融风险，乃至引发全面的金融危机，危及一国的金融安全。

21 世纪以来，我国经常账户发生了较大变化。2008 年以前，我国经常账户顺差较快增加，与 GDP 之比从 2001 年的 1.3%升至 2007 年的 9.9%。2008 年后总体回落，2010 年降至 3.9%，2011 年起基本维持在 2%左右，2018 年上半年更趋平衡[②]。经常账户的这种变化反映了我国经济发展模式的转型，是新时代中国特色社会主义经济高质量发展的体现。我国经济的内外均衡取得实质性进展，内需对拉动经济增长的作用显著增加。在我国国民收入逐步提升的背景下，通过低廉劳动力、消耗资源甚至损害环境来获得竞争力并推动出口的经济发展模式逐步被创新驱动的产业结构转型升级模式取代。

---

① 居民：一国经济领土内具有经济利益的经济单位，包括自然人和法人。非居民：不属于一国居民的经济单位（下同）。

② 国家外汇管理局国际收支分析小组：《国家外汇管理局公布 2018 年二季度及上半年我国国际收支平衡表》，2018 年。

1996年12月1日，我国经常账户实现了完全可兑换①。推进资本与金融账户开放的进程，须适应我国新时代经济高质量发展及其高水平开放的内在要求。在通过金融账户开放获取经济运行红利的过程中，我们应充分考量国际资本冲击对我国系统性金融风险的影响，须运用宏观与微观的审慎监管政策和手段，有效防控我国的系统性金融风险，截断发生金融危机的渠道与引擎，维护我国的金融安全，为实现“两个一百年”的宏伟目标，为中华民族的伟大复兴“保驾护航”。

国际收支的基本理论和基本知识是国际金融课程的重要组成部分，在这一部分的研讨、讲授和学习过程中，要与我国国际收支的发展历程、采取的政策、目前的状况、面临的问题及未来的走势紧密联系，融入外防和内控系统性金融风险的中国智慧和中国方案。

三、外汇交易、汇率理论与人民币国际化

汇率理论阐述和分析的是不同外部环境下的汇率形成机制。在金本位制度下，不同货币之间的汇率由不同货币的含金量或不同货币所代表的金量决定，而在信用本位制与混合本位制的背景下，基于不同的汇率制度与不同的研究视角对汇率决定机制的研究形成了不同的汇率理论，如购买力平价理论、利率平价理论、国际收支理论、资产市场理论、微观市场决定理论等。

外汇与汇率的理论与知识，是国际金融课程的重要组成部分，包括外汇的基本概念与类型，本币、外币及外汇之间的区别与联系，外汇市场及其交易如即期交易、远期交易、套期交易、期货交易、期权交易等。

一国的主权货币要成为其他国家的居民在国际经济交易中使用的外汇，须满足两个条件：一是这种货币实现了经常账户和资本与金融账户下完全的自由兑换；二是各国居民在使用该货币进行国际经济交易时被彼此接受。这里的外汇就是我们通常所指出的国际货币。显然，一国主权货币成为外汇的过程，就是一国货币国际化的过程。

我国经济社会发展已经进入了高质量发展时代，对国际经济社会的高水平开放是经济高质量发展的内在要求，人民币的国际化则是实现我国高水平开放的必然路径，而设置科学、合理和可行的人民币汇率制度，构建有中国特色的中央银行外汇干预制度，建立能实现国内外资源配置效率最大化的人民币汇率

① 中国人民银行：《结汇、售汇及付汇管理规定》，1996年。

形成机制，是人民币成功实现全面国际化的必要前提。

在本部分的教授与讨论中，就要紧密联系我国外汇市场形成、发展与我国外汇交易的实际情况，考察和把握人民币汇率机制和人民币国际化进程，深入了解人民币国际化方案、路径及在此过程中存在的问题，知晓我国政府及相关职能部门在应对和解决上述问题的过程中提出的中国智慧和中国方案，以及这些智慧和方案对国际社会和世界经济发展的重要启示和意义。

四、国际金融市场与我国高水平对外开放

金融的运行体系由其主体、客体及载体构成。广义的金融主体包括企业、家庭和政府机构，狭义的金融主体则主要指金融机构；金融的客体指金融产品，如货币、债权、股票、权证等；金融的载体则指金融市场，正是金融市场承载着不同的金融主体之间不同金融产品的交易。当金融的主体或金融的客体出现他国元素时，金融市场被称为国际金融市场。

依据金融主体和金融客体的不同国别属性的变化，国际金融市场被划分为外国市场、在岸市场和离岸市场。非居民与居民之间以本币为面值的金融产品的交易市场被称为外国市场，居民之间以外币为面值的金融产品的交易市场被称为在岸市场，而非居民之间或非居民与居民之间以外币为面值的金融产品的交易市场则被称为离岸市场。

我国的经济发展已经从高速发展时代进入了高质量发展的时代，与此相适应，我国的国际金融市场需要高水平的发展和开放。因此，要进一步扩大金融领域的对外开放，顺应市场主体的需求，以更高水平的开放打破封锁和围堵的风险，积极融入和拥抱世界金融体系。建设和发展以人民币金融资产为核心资产的国际金融市场，推动离岸和在岸市场的规则与国际接轨，促进中国和全球金融市场的互联互通，培育全球性的金融市场①。

在国际金融市场相关章节的讲授和讨论中，在向学生传授国际金融市场、欧洲货币市场、在岸市场和离岸市场的相关知识和理论时，要紧密结合我国金融市场对外开放与发展的历史演变与现实运行，使学生在掌握本部分知识和理论的同时，知晓人民币在岸市场和离岸市场发展的渊源、成效与前景，了解目前存在的问题及我国货币当局创新发展的对策与方案。尤其是在我国经济高质

① 蒋梦莹：《陆磊：央行外汇局正深入研究未来五年推动资本项目开放的内容》，https://m.thepaper.cn/rss_newsDetail_9356158。

量发展要求金融领域高水平开放的中国特色社会主义新时代，要悉心培养学生的时代担当和主动作为，以全球金融领域自由行走的宽阔视野，不断提升刻苦学习和熟练掌握国际金融领域最前沿的理论、知识和技术手段的自觉性，为实现我国金融领域的高水平开放，为我国经济的高质量发展贡献自己的力量。

参考文献：

[1] 国家外汇管理局国际收支分析小组. 国家外汇管理局公布 2018 年二季度及上半年我国国际收支平衡表[EB/OL].(2018-09-28)[2021-07-22]. http://www.safe.gov.cn/safe/2018/0928/10283.html.

[2] 中国人民银行. 结汇、售汇及付汇管理规定[EB/OL].(1996-06-20)[2021-07-01]. http://www.pbc.gov.cn/eportal/fileDir/image_public/rhwg/961003f.html.

[3] 中华人民共和国教育部. 高等学校课程思政建设指导纲要[EB/OL].(2020-05-28)[2021-06-01]. http://www.moe.gov.cn/srcsite/A08/s7056/202006/t20200603_462437.html.

在国际政治经济学教学中加强思政建设分析

米　军

（四川大学经济学院国际经济与贸易系）

摘　要：国际政治经济学知识体系贯通了国际关系与经济学的基本原理，反映了当代学科相互融合、综合交叉的发展趋势。通过学习国际政治经济学这门课程，学生能清楚地认识到我国所处的时代背景，以及在当前世界格局下我国发展所面临的机遇与挑战，领略到我们党不断探索出的中国道路的魅力之所在，从而更加坚定“四个自信”，更加理性地看待中国的崛起之路。

关键词：国际政治经济学；课程思政

引言

国际政治经济学是国际关系学的一个重要分支，其知识体系贯通了国际关系与经济学的基本原理，反映了当代学科相互融合、综合交叉的发展趋势，现已逐渐成长为一个独立学科。相比西方国家而言，中国国际关系学科起步较晚。1955 年，外交部成立专门培养外交外事人才的外交学院。次年，我国第一所专门从事国际问题研究的机构——中国科学院国际关系研究所成立。但就国际政治经济学而言，中西方在该学科的起步与发展几乎处于同一时期。作为一门新的学科，其发展离不开国际社会的发展与演进，同时中国已深度融入国际政治经济体系，并成为国际体系演进最重要的影响因素之一，中国国际政治经济学的研究和发展拥有了新的现实基础，构建中国特色国际政治经济学学科体系、学术体系、话语体系成为亟待完成的重大任务。作为正在崛起的发展中大国，无论是经济发展模式、国家治理体系或是国家间的合作理念，中国都已为其他国家特别是发展中国家提供了新镜鉴。

近年来，国际政治经济局势发生深刻变革，英国脱欧、民粹主义在欧洲的盛行等标志着逆全球化在西方的迅速蔓延，而中国在此期间仍坚持大力推行“一带一路”倡议，积极倡导人类命运共同体，为带动全球经济发展、维护世界的安全与稳定贡献出了中国力量。这也在实践上印证了中国制度、发展模式的正确性。总的来说，通过学习国际政治经济学这门课程，学生能清楚地认识到我国所处的时代背景以及在当前世界格局下我国发展所面临的机遇与挑战，领略到我们党及政府不断探索出的中国道路的魅力之所在，从而更加坚定“四个自信”。

一、通过学习该课程学生能认识到国际经贸局势及相关热点问题的本质所在

如我国推出的“一带一路”倡议，其目的是搭建务实合作平台，促进中国与沿线各国共同发展、实现共同繁荣的合作共赢。“一带一路”倡议遵循了相互联系的三个层面的政治经济学逻辑：从双边层面来看，“一带一路”建设以“治”为目标，提升了沿线国家的治理能力和可持续发展能力；从区域层面来看，“一带一路”建设以“通”为手段，增强了区域经济整合能力和区域经济的一体化水平；从全球层面来看，“一带一路”建设以“同”为理想，践行了“人类命运共同体”的价值观，促进了公平公正的国际政治经济新秩序的构建。然而，西方一些政客、媒体却对其无底线抹黑，散播“一带一路”是中国制造“债务陷阱”的谎言，鼓吹“中国威胁论”。又如中美贸易战，本是美国为了遏制中国崛起，重振其国内制造业，通过实施贸易保护主义、重新修补贸易规则等手段削弱中国的竞争优势，却被美方美名化为平衡贸易逆差。通过加强国际政治经济学的学习，学生能深刻理解以上问题的实质所在，使其更能关注国际政治与经济的演变，辨别西方政客、媒体编造的不实谣言，从而心系国家发展。

二、通过学习该课程增强学生对马克思主义政治经济学的理解

当今国际政治经济学主要包括现实主义、自由主义及马克思主义三大流派。其中，马克思主义国际政治经济学主要从属于国际政治学研究序列中的马克思主义国际关系理论，其理论建构的路径应建立在国际政治学的研究逻辑之上。马克思主义国际政治经济学是最富解释力的流派，在国际体系的形成与运转问题上有独到的见解。例如，马克思主义国际政治经济学在肯定全球化生产

与贸易对生产力起到的巨大推动作用的同时，也强调新的生产格局会带来新的分配不公现象，需要辩证地看待后冷战时期突飞猛进的全球化发展势头。马克思主义国际政治经济学也十分重视国际生产体系的分工问题，认为全球化生产有助于世界各地的生产力水平提高等。加强对马克思主义国际政治经济学的学习，能进一步加深广大学子对马克思主义政治经济学的理解，更加认同马克思主义的科学性、正确性，从而树立正确的政治观。另外，与马克思主义政治经济学不同，马克思主义国际政治经济学的课程教学往往与国际时事热点相结合，更能激发学生对马克思主义的学习兴趣。

三、通过学习该课程有利于学生增强其理论自信

当前，我国国际政治经济学研究处于从对西方“舶来品”的介绍和解读转向自主性研究的新阶段。曾经盛行于国际政治经济学的西方中心论、霸权稳定说、相互依赖理论、依附理论、世界体系理论、结构主义等，尽管是重要内容，但已失去了昔日耀眼的光环。在哲学社会科学繁荣发展的局面下，我国国际政治经济学研究日益具有鲜明的“中国印象”。加强学生对国际政治经济学课程的学习，一方面能促使其认识到中国特色国际政治经济学理论的科学性，增强对马克思主义理论特别是中国特色社会主义理论体系的科学性、真理性的自信；另一方面也能激发学生对该学科的研究兴趣，为中国特色国际政治经济学的发展增添新的动力。

四、通过学习该课程有利于学生增强其道路自信、制度自信

西方政客往往对社会主义制度的国家进行诟病，并认为资本主义制度具有无比的优越性。早在东欧剧变时，西方就兴起了第一波“中国崩溃论”。那时西方出现了“历史终结论”，认为中国必然要“被西方资本主义征服”。改革开放后，中国经济步入快速发展时期，无论是经济体量或是国际贸易、投资合作均跻身世界前列，却不时有言论宣称“中国经济即将崩溃”。这些言论很大程度上反映了西方对于中国特色社会主义制度的偏见，低估了我国经济发展的活力及抵抗风险的能力。党的十八大以来，我们党对经济发展的规律性认识进一步深化，明确提出“我国经济已由高速增长阶段转向高质量发展阶段”的重要论断，体现出我国政策制定者的高瞻远瞩。2020 年初新冠肺炎疫情的暴发使得全球经济陷入深度衰退，中国社会却能迅速地从疫情中恢复过来，并成为世

界上唯一保持经济增长的重要经济体，更能体现出我国经济、社会抵御风险的能力。加强国际政治经济学教学，通过将中西方的政治体制、经济发展模式、社会治理体系等方面进行对比，能充分显示出中国特色社会主义制度的优越性，增进青年一代对于我国发展方向和未来命运的自信。

五、通过该课程的学习学生能更加理性地看待中国的崛起之路

现实主义学派、自由主义学派、霸权周期论者、文明冲突论者等都曾提出有关大国崛起的国际政治经济学理论，各种理论从不同角度剖析了这个人们赖以生存的、由各民族国家组成的现实世界体系。只有通过对各个理论的学习，才能认清中国崛起在不同阶段所应具备的条件、个人所应扮演好的角色，为中华民族的伟大复兴之路披荆斩棘。

当今世界正处于百年未有之大变局，在这场大变局中，中国经济社会发展以及中国与世界的关系已发生翻天覆地的变化。我们正处于一个新兴大国崛起、世界秩序面临转轨的关键时刻，这正是国际政治经济学学者大显身手的时候，也是加深对中国经济与全球经济之间关系研究、提出“中国议题”的最佳时机。中国特色国际政治经济学在学科建设过程中，应改变西方在该学科中对中国问题的选择性忽视这一局面，聚焦于中国发展与合作的实践经验。在教学过程中，教师应在课程的教学内容和人才的培养环节中融入思想政治元素，方能充分体现出国际政治经济学教学对于学生思想政治教育的重要作用。

参考文献：

[1] 张建新．“国际政治经济学课程建设与学科发展”研讨会综述［J］．国际关系研究，2016（6）：144－148．

[2] 徐秀军．新时代中国国际政治经济学：一项研究议程［J］．世界经济与政治，2020（7）：4－34＋156－157．

[3] 李冠群．马克思主义国际政治经济学的理论特征与当代价值［N］．中国社会科学报，2020－07－09（4）．

[4] 王勇．国际政治经济学美英学派的论战——学术分野、国家地位与中国议题［J］．国际政治研究，2011，32（1）：137－152＋10．

国际贸易学课程思政建设探讨

孙　瑶
（四川大学经济学院国际经济与贸易系）

摘　要：根据教育部印发的《高等学校课程思政建设指导纲要》，全国所有高校、所有学科专业开始全面推进课程思政建设。本文试图从专业教师的角度，立足于国际贸易学课程特点和教学目标，在课程定位、教学理念、教学设计、教学内容和教学方法各方面全面协同，将专业知识传授与思政建设结合起来，培养有责任感、认同中华文化、践行社会主义核心价值观的人才。

关键词：专业课；课程思政；国际贸易学

长期以来，我国高校的思政教育与专业教育是分开的。思政教育被视为思政教师、辅导员和班主任的工作职责，而专业教师的职责是传授专业知识和专业技能。2020 年 5 月，教育部印发《高等学校课程思政建设指导纲要》（以下简称《纲要》）。《纲要》提出，课程思政建设要在全国所有高校、所有学科专业全面推进。课程思政明确了五个方面的主要内容：推进习近平新时代中国特色社会主义思想进教材、进课堂、进头脑，不断加强马克思主义理论教育，着力推动党的创新理论教育，增强学生对党的创新理论的政治认同、思想认同、情感认同，坚定“四个自信”；培育和践行社会主义核心价值观；加强中华优秀传统文化教育，大力弘扬以爱国主义为核心的民族精神和以改革创新为核心的时代精神；深入开展宪法法治教育；深化职业理想和职业道德教育。

《纲要》的发布是要指导高校专业教师全面承担起“教书”和“育人”的双重功能。至此，所有高校专业课教师都要思考一个问题：如何在传授专业知识和理论的课堂上实现育人功能？国际贸易学课程作为国际经济与贸易专业的专业基础课，旨在使学生掌握国际贸易问题的基本分析方法和分析工具，了解国际贸易领域的诸多国际规则，以及客观、科学地看待和剖析国际贸易领域当前所面临的实际问题。本文将从专业课教师的角度，具体谈谈如何在国际贸易学课程讲授中结合思政要素，培育既具有扎实专业基础，又具有社会主义核心价值观、良好的职业道德和社会公德意识的人才。

一、明确课程定位，变革教学理念

所谓课程思政，就是在专业课程的教学中融入思想政治教育内容。过去，高校学生的思想政治教育主要依赖于专门的思政课程来完成，如马克思主义基本原理、毛泽东思想和中国特色社会主义理论体系概论、思想道德修养与法律基础、形势与政策等。而高校课程思政的教学改革，不是用课程思政取代前面的思政课程，而是把情感、态度、价值观渗透到专业课程中，潜移默化地引导学生树立正确的人生观、价值观和发展观。

《纲要》提出，在专业教育课程方面，深度挖掘提炼专业知识体系中所蕴含的思想价值和精神内涵，科学合理拓展专业课程的广度、深度和温度，增加课程的知识性、人文性，提升其引领性、时代性和开放性；在实践类课程方面，注重教育和引导学生扎根中国大地了解国情民情，在实践中增长智慧才干，在艰苦奋斗中锤炼意志品质。由此可知，课程思政作为一种新型的高校教学模式，应具有两个重要功能：一是充分挖掘各类专业课程的思政元素，将思想引导和价值观的塑造有效地融入各门课程的教学中，与高校思想政治品德教育工作产生协同效应，共同发挥立德育人的作用。二是在知识传授与思想品德教育的结合过程中，学生可以将所学的专业知识内化于心，成为精神世界的有机构成，提高其职业素养，培养其正确认识与改造世界的能力。

为实现课程思政的功能，结合国际贸易学的特点，在国际贸易学课程思政教学中应定位于实现知识传授、价值引领和能力提升三个具体目标。知识传授是教育的基本功能，国际贸易学课程涵盖国际贸易的基本理论和知识、国际贸易政策措施、多边贸易体制与区域经济一体化，以及生产要素国际流动等内容。教师应在此基础上，不断充实国际贸易学的教学内容，同时让学生更为深入和全面地去掌握国际经济学的各种流派和理论。价值引领就是在国际贸易学的课程教学中，运用习近平新时代中国特色社会主义思想来分析和解读当代中国经济开放的历程和取得的成就，将道路自信、理论自信、制度自信和文化自信贯穿于教学的全过程，培育大学生的民族自信心和自豪感。能力提升就是增强大学生对国内外经济发展现状和趋势的分析、判断、决策能力，以及在新时期对新知识、新技能的应变能力和创新能力。

课程思政建设中对课程的定位体现的是对传统教育理念的修正。首先，在教学中需要将单纯传授知识与价值取向结合起来。教师不能局限于理论知识的传授，更重要的是需要用马克思主义的立场、价值观和方法论向学生讲解国际经济理论，让理论服务于中国对外贸易、对外投资发展实践，让学生能够更全面、辩证地看待国际经济学理论，坚持正确的价值导向。其次，在教学中要把中国改革开放和经贸发展所取得的伟大成就、面临的现实与未来的严峻挑战融入课本知识的讲授中，使学生自觉地把自身成长成材与国家未来发展命运紧密联系起来，潜移默化地培养学生的民族自信心和为国奋斗的使命担当。再次，以正确的价值取向为导向重点培养学生的分析和思辨能力。

二、国际贸易学课程思政的教学设计

教师在进行课程思政教学设计之前，首先要进行学情分析，充分研究教学对象——学生，关注学生的整体发展与个性差异，了解学生的学习目标、学习兴趣、发展可能以及教学中可能碰到的难点与学习瓶颈。教师的劳动对象——学生，是具有主观能动性的人，是具备自我教育能力的主体。教育活动的这一本质特征决定教师的劳动具有强烈的示范性。与其他劳动不同，教师要用自己的思想学识、言行举止去影响和改变学生。因此，教师要对自己在课堂上所表现出来的态度、观点、行为负责任。只有了解学生才能更好地实现教学目标。

其次，教师要深入分析教材，充分了解课程的教学内容和教学要点，把握重点教授与讲解的内容，厘清教学内容与学生既有的知识结构、生活经验以及社会现实之间的关联，激发学生的学习兴趣。国际贸易是在世界范围内进行商品交换活动，所有的贸易活动都需要在国际公约、国际惯例和各国法律规范的范围内运作，而且要符合各国的文化习惯，以免引起不必要的道德问题。将时事热点与专业知识点有机融合来分析、解释理论知识，使学生更直观、更容易理解相关理论内容，同时引导学生主动关注当前国际时局，培养其透过现象看本质的辩证思维，激发其爱国热情。

国际贸易学课程思政教学中，除了要深入挖掘该学科的各种思政教育资源，另一个重要的方面就是要系统地运用以马克思主义为指导的中国特色社会主义理论来分析和解释当代中国对外经济开放的道路和成功经验。把马克思主义的立场、方法和社会主义核心价值观贯穿于教学的全过程，使国际贸易学课程在教学中既弥补本学科固有的缺陷与不足，又做到知识传授、价值引领、能力培养的高度统一，在课程教学中实现全员、全程、全方位育人。

再次，不同类型的课程实施课程思政的方式不同。教师要根据课程的性质与特点，采用易于达成教学目标的教学方式，围绕教学内容进行设计，并选择合适的教学资源，将课程教学的育人总目标落实到每一节课的教学设计中。具体到国际贸易学课程，教学方式上要特别注意问题导向和价值导向。在教学设计时，要立足于专业特点来设置问题，采用查阅资料、分组讨论等方式，提高学生分析问题、解决问题的能力。根据学生对专业知识和学科中蕴含的思政价值与意义的理解、掌握，找准专业知识与思政元素的连接点，实现思政教育效果的最大化。

三、结合思政元素开发课程资源

课程资源的开发，可归纳为资源获取、资源加工和资源整合三个过程。从资源的获取来看，国际贸易思政类的教学资源一般来源于教材、经济热点问题及其他课程（如政治、历史等）。从资源的加工来看，教师和学生需对获取的资源进行检索、筛选、加工，使之与教学目标相匹配。从资源的整合来看，要使“思政”元素与国际贸易学课程互相渗透、有效结合，发挥课程思政的最大价值。随着课程思政理念的逐步深入，教师在教学过程中会越来越意识到课程思政深入学生心灵、引领他们思想升华的重要性。教师应认真梳理课程中的知识点、典型案例，将思政元素融入专业课程教学内容及教学实施的过程中。以下是一些将国际贸易学课程的教学内容与课程思政结合的例子。

（1）将国家贸易政策、自由主义和保护主义的选择与中美贸易战现象相结合。详细地介绍中美贸易战的背景、事实和影响，帮助学生理解政治、经济环境变化对国家贸易政策变化的深刻影响，贸易政策变化对全球化和各国国内经济发展带来的影响。通过讨论，学生能够正确地看待中美贸易战，并将其放在全球经济格局变化的大环境下来分析。

（2）将多边贸易组织 WTO 的反倾销协议与中国需“完善市场机制建设”相结合。中国产品在国际市场频繁遭遇反倾销，不同产业被认定为“市场经济”和“非市场经济”。这种现状引发我们对中国市场经济建设和 WTO“公平竞争”基本原则的思考。着重探讨如何进一步加快社会主义市场化建设，争取在 WTO 组织中早日获得“市场经济”地位的认同，减少出口产品在国外市场遭受的不公平待遇。

（3）将区域经济一体化理论与中国参与的各类自贸区和经济合作、战略伙伴关系等实践相结合。分析中国在积极参与经济一体化组织过程中的作用、获得的收益和面临的问题。分析我国不同地区与相关国家在农业、旅游业、教育资源等领域存在的合作机遇。

（4）将战略性贸易政策的讲解与中国贸易战略的转变相结合。中国在国际市场上打破“比较优势陷阱”，从出口传统的服装鞋帽小商品，向科技含量高的产品（如高铁、5G 通信设施）的转变。我们需要从动态、发展的角度去看待中国的产业政策规划和贸易发展战略的变化，引导学生认同中国精神、中国价值和中国力量。

四、运用多样化教学方法

一般来讲，学生对思政课程的学习兴趣不高，主要是因为在思政元素渗透的过程中缺乏说服力和感染力，或者课程没有从学生的需求出发，与其生活实际脱轨，学生的参与度和获得感不高。要改变这种状况，专业课程思政教育需要多样化的教学方法来提高学生的兴趣、积极性和参与度。除了课堂讲授这种基本教学方式，教师可以借助现代化多媒体技术，采用多样化教学方法。

（1）案例分析教学法。例如，针对劳动力和资本跨国流动相关的内容，搜集中国企业到国外经营和外国企业来华投资经营相关的案例，启发学生思考为什么企业要跨国经营，哪些因素影响了他们的国际投资决策，如何看待外商直接投资对母国和东道国的影响等问题。

（2）情境教学法。教师在课堂教学中有目的地引入具有一定感情色彩、形象生动的具体场景，以引起学生在情感上的共鸣，从而帮助学生更加深入地理解教材的内容，同时还可以陶冶学生的情操。教师可以充分利用多媒体、网络视频等现代化教学工具和手段，在课堂上向学生生动展现国际贸易发展过程中的历史画面，让学生身如其境地感受到国际贸易产生的时代背景，增强课堂教学的体验感、趣味性和学生对国际贸易理论的感性认识。

（3）参与式教学法，包括翻转课堂、脑力激荡、分组合作讨论等。这些教学方法的利用可丰富课堂的表现形式，活跃课堂气氛，加深学生对所学知识的理解。例如，在大国和小国实施关税的福利变化、美国的出口管制以及各国的歧视性政府采购等限制进出口贸易的措施等相关政策法规方面，以分组的方式进行利弊讨论分析。

（4）实践教学法。要进一步增强对贸易理论的体验性和感知性，就必须对课堂教学进行拓展和延伸，引入实践教学法，让学生走出课堂，进入社会，去体验和感受鲜活的经济贸易发展的动态现实。例如，可以采取与当地外贸和外资企业合作建立校外实践基地，让学生以志愿者的身份参与政府和企业举办的大型经贸活动，组织学生实地参观工业园区和高新技术园区，组织学生进行社会调查。让学生在领悟和理解所学知识之外，了解社会，了解国情，感受国家日新月异的发展面貌，激发出大学生投身祖国建设的家国情怀。

总之，课程思政建设不是将专业课上成思政理论课，它并不改变专业教学的内容，只是将社会主义核心价值观渗透到专业学习中，让学生不间断地对思政理论知识进行获取、消化、验证、实践、吸收，真正实现思政教育的全程参与、全面覆盖。同时，教师在课堂教学之余要提醒学生关注身心健康，唤醒他们学习的内在动力，使其在漫漫人生路上不断成长，更好地成为自己。

参考文献：

[1] 许瑞芳. 一体化视角下高校课程思政建设的四个维度 [J]. 中国高等教育，2020（8）：6－8.

[2] 章丽群. 宏观经济学（英）课程思政教学改革探究 [J]. 对外经贸，2018（9）：152－155.

[3] 张烁. 所有高校全面推进课程思政建设 [N]. 人民日报，2020－06－06（4）.

[4] 吴万宗，潘瑞姣. “比较式”案例教学方法在课程思政建设中的应用——以《宏观经济学》课程为例 [J]. 创新创业理论研究与实践，2018，1（16）：15－16.

[5] 吴刚平. 课程资源的开发与利用 [J]. 全球教育展望，2001（8）：24－30.

[6] 郑迎飞. 高校课程思政教学改革的思考——以《投资学》课程为例 [J]. 高教学刊，2019（4）：141－143.

思政元素与大学英语课堂教学的交融分析

王锐俊

（四川大学经济学院国际经济与贸易系）

摘　要： 高校课程思政建设是人才培养质量的关键影响因素，是立德树人的重要举措。大学英语课程是我国高等教育的一门主要基础课程，课时多，周期长。将思想政治教育融入大学英语课堂教学，挖掘大学英语课程中的思政元素，对帮助学生塑造正确的世界观、人生观、价值观，对培育和践行社会主义核心价值观，坚定中国特色社会主义道路自信、理论自信、制度自信、文化自信具有重要意义。

关键词： 课程思政；思政元素；大学英语课堂

一、课程思政在高校教育中的重要性

高校的立身之本在于立德树人。因此我们要坚持把立德树人作为高校教育的中心环节，把思想政治工作贯穿整个教育教学过程，实现全程育人、全方位育人。办好思政课，将课程思政贯穿于教育教学全过程意义重大。

全面推进高校课程思政建设是深入贯彻落实习近平总书记关于教育的重要论述，落实立德树人根本任务的战略举措，是提升人才培养质量的关键。全面推进课程思政建设，就是要寓价值观引导于知识传授和能力培养之中，构建全员全程全方位育人大格局，这一举措影响重大甚至决定着国家的长治久安、民族复兴和国家崛起。

高校教师要在知识传播的过程中起到价值导向的作用，积极传播和践行社会主义核心价值观，让立德树人春风化雨、润物无声，以提高学生的政治素养、文化素养，真正做到教书育人。高校教师要把思想政治教育贯穿人才培养体系，发挥每门课程的育人作用，确保各门课都守好一段渠、种好责任田，把学生培养成为德才兼备、全面发展的人才。

要在全国所有高校、所有学科专业全面推进课程思政建设，就要抓好教师队伍这个“主力军”，建设好课程思政这个“主战场”，利用好课堂教学这个“主渠道”。

二、专业课程中“思政元素”的意义

专业课程是课程思政建设的重要载体。教师在专业课教学中要对专业课教学内容进行仔细深入的梳理，结合不同专业课程的知识、特点和优势、思维方法和价值理念，深入挖掘和提炼专业知识体系中所蕴含的课程“思政元素”，将“思政元素”有机渗透到课程教学中。

课程思政并不是将专业课程思政化，也不是就爱国教育、诚信教育、社会主义核心价值观教育、中国梦教育、法治教育、劳动教育、心理健康教育、中华优秀传统文化教育等主题进行机械的空谈，或者是在讲专业课时生硬地切换到思政内容，让学生一头雾水，而是深入挖掘专业课程中的“思政元素”，将“思政元素”自然而然地融入专业课程教学中，将专业课程的“思政元素”在课堂教学中落到实处，在知识传授的同时实现对学生的价值引领。

三、大学英语课堂中的“思政元素”

全国高校思想政治工作会议精神指出，要把思想政治工作贯穿教育教学全过程，推动“思政课程”向“课程思政”转变，要善于挖掘梳理各门课程的德育元素，完善思想政治教育的课程体系建设，充分发挥各门课程的育人功能，实现全程育人、全方位育人和全员育人的大思政格局。

大学英语课堂是高等教育的一个重要环节，是课程思政教育的“主渠道”。

大学英语“课程思政”在立德树人方面具有时代价值。教师应结合大学英语教学实际，引导学生以批判的眼光看待西方文化，去其糟粕，取其所长。大学英语“课程思政”对增强学生文化自信具有重要意义。

教师在大学英语课堂教学中要合理自然地引入中国科技、经济、文化、传统艺术，大力弘扬以爱国主义为核心的民族精神和以改革创新为核心的时代精神，教育引导学生深刻理解中华优秀传统文化，从中西方文化对比的角度激发学生的文化自信，增强学生的民族自豪感。

四、"思政元素"融入大学英语课堂教学的方法

（一）培养教师育德意识和育德能力

全面推进课程思政建设，将"思政元素"融入大学英语课堂，教师是关键。要推动广大教师进一步强化育德意识，找准育德角度，提升育德能力，确保课程思政建设见功见效，提高教师将思想政治教育融入各类课程的教学能力，努力实现思政元素全面融入人才培养全过程。

相对于思政课，专业"课程思政"更能感染学生，更能激发起学生的共鸣。因此，专业课教师应该具备引人以大道、启人以大智的能力，树立"课程思政"的理念，主动关注道德教育资源，把握道德教育时机，以思想引领和价值观塑造为目标，提高育德意识，言传身教，担起学生健康成长的指导者和引路人的责任。教师要自觉以德立身、以德立学、以德施教，争做有理想信念、有道德情操、有扎实学识、有仁爱之心的"四有"好老师。

加强师德师风建设有助于教师育德意识的培养，教师要坚持做到教书和育人相统一、言传和身教相统一，要坚持潜心问道和关注社会相统一，坚持学术自由和学术规范相统一。

教师在培养学生道德品质的过程中应具备良好的育德能力。教师不仅是知识、思想和真理的传播者，更是灵魂、品行和人格的塑造者。教师要努力把思想性、理论性、知识性与教学方式上的可接受性有机结合起来，不断增强其思想政治教育的亲和力和感染力。

专业教师要在具体的工作中做好课程思政，就要积极提高自己的课堂教学魅力，利用课堂"主阵地"有效完成立德树人的根本任务。

（二）善于挖掘大学英语课堂内容中的"思政元素"

在课堂教学中，教师要提升思想政治教育的亲和力和针对性，满足学生成长发展的需求和期待。大学英语课要守好自己的一段渠、种好自己的责任田，使大学英语课与思想政治理论课同向同行，形成协同效应。

英语教师要结合所授知识，自然、有机地融入政治认同、文化认同、理想信念、家国情怀、文化素养、法治意识、社会责任、道德修养、人文精神、科学思维、仁爱之心等思政元素，引导学生自觉弘扬和践行社会主义核心价值观，不断增强"四个自信"，将个人成长与祖国前途命运紧密相连。

大学英语课程不同于其他专业课程，大学英语课程包含的内容十分丰富，

涉及的范围十分广泛，教材选用的材料大多涉及西方文化，因此教师要善于挖掘大学英语课程中蕴含的丰富的思政元素，自觉推进“思政育人”与专业教育有机融合，要避免将德育内容生硬楔入大学英语课堂的倾向，两者不应该是机械组合而应该是有机融合、相互促进、协调发展，引导学生在学习好英语专业知识的同时明白为什么而学习。

英语专业教师可以通过英文作品的选择、阅读，提高学生思维的包容性，结合当前社会中的热点问题，把书中知识讲活讲通讲到生活中去，在大学英语课堂中引入中国科技、经济、文化、传统艺术等，把爱国主义、民族情怀贯穿课程教学中，帮助学生树立起文化自信，提高学生的家国情怀，自觉弘扬中华优秀传统文化。

（三）发挥学生的主体作用，组织启发学生就与课堂内容相关的“思政元素”进行讨论

专业“课程思政”教育，既离不开教师的主导调控作用，也离不开学生的主体作用。以学生为主体是广大教师从事教学的基本出发点，是进行“课程思政”教育，提高教育教学质量的关键。教师要善于激发学生学习兴趣，引导学生深入思考，确保学生主体作用有效性的发挥。

学生参与讨论是进行专业“课程思政”教育的重要途径之一。教师在教的过程中的主导作用，只有在学生主体作用的发挥下才能落实和体现，学生的主动学习能力才能得到提高，才能帮助学生认同正确的价值标准、把握正确的政治方向。

教师要抓住大学英语课堂中与课堂内容相关的“思政元素”热点，引导组织学生思考、讨论，并点拨、启发学生。例如，笔者在教授《21 世纪大学英语读写教程：4》第一单元课文 A “Who Is Great?”（《谁是伟大的?》）时，在课前给学生提出问题：1. What does it take for a person to standout from their contemporaries? 2. What people can be thought of as great? How to define greatness?（什么人可以被认为是伟大的? 如何定义伟大?）讨论可以在课堂上进行，也可以课后由小组长组织学生进行，小组长再将讨论的情况和结果通过 QQ 或微信发给老师。老师在仔细认真地看了同学们的热烈讨论结果后，再在课堂上对学生们的讨论进行总结，做正面的引导。在讨论“一个人如何才能从同龄人中脱颖而出”时，大多数同学都会提到“高智商”“胆识”等优良品质，但也有少数学生会提到“时运”“有个好爸爸”等，这时老师就要对学生进行正面的引导，让学生明白“不屈不挠”“勤奋”“对工作的热爱”等

优良品质才是成功的关键。在讨论“什么人可以被认为是伟大的?如何定义伟大?”时，老师可以告诉学生，除了那些给人类文明作出永久性贡献的人是伟大的，在抗击新冠肺炎疫情中无私付出的广大医护人员等也是伟大的，在平凡的工作岗位中兢兢业业、勤勤恳恳、任劳任怨的人同样是伟大的。

总之，大学英语课堂中的“思政元素”比比皆是，教师要善于抓住这些与课堂内容相关的“思政元素”，引导启发学生，言传身教，教书育人。

参考文献：

[1] 许涛. 构建课程思政的育人大格局 [N]. 光明日报，2019-10-18 (15).

[2] 翟象俊，等. 21 世纪大学英语读写教程：4 [M]. 3 版. 上海：复旦大学出版社，2015.

国际商务谈判课程思政建设探究

严　荔
（四川大学经济学院国际经济与贸易系）

摘　要： 深入挖掘研究国际商务谈判的思政价值，对培养专业素质过硬、思想品德高尚的国际贸易人才有着重要意义。对此，本文以国际商务谈判课程为例，结合授课过程中实施课程思政存在的实际问题，进行了认真分析和研究，提出了国际商务谈判课程思政建设的实施路径。

关键词： 国际商务谈判；课程思政

引言

大学以树人为核心，以立德为根本。对国际经济与贸易专业的重要课程之一——国际商务谈判课程的思政价值进行深入挖掘研究，对培养专业素质过硬、思想品德高尚的国际贸易人才有着重要意义。

一、国际经济与贸易类课程思政建设的重要性和迫切性

近年来，课程思政改革创新逐步提上日程，已成为高校课程设计的重要组成部分。课程思政的提出旨在发挥教育的协同效应，通过最大化专业课程与思政课程的相似性，达到降低教育成本的目标，而高校教育中思政课程普遍独立于专业课程之外，影响相对有限，有必要通过和专业课程进行结合，达到最好的育人效果。

国际经济与贸易类专业课程重在培养相关的专业人才，以期在未来进一步促进我国的对外贸易发展。国际经济与贸易专业的同学在未来工作中需要面对大量来自不同国家的商务人士，他们除了需要了解不同国家的风土人情，拥有

良好的商业素养，更要具备应有的爱国情怀，在与他国贸易往来中展现我国的大国形象，因此专业课程思政教育建设刻不容缓。

二、国际商务谈判课程思政建设存在的主要问题

（一）专业课程设置与思政建设联系不大

国际商务谈判课程主要培养的是国际商务人才，在传授学生专业知识的同时还要负责对学生进行深刻全面的思政教育。而目前高校中开办的国际商务谈判课程都过于强调专业理论的系统构建，忽视了课程思政的教学功能。尽管课程规划中普遍要求提高学生的道德品质，但实际教学过程中并没有重视这一点，知识的传授依然是课程的主要教学目标。课程思政的口号流于形式，没有起到实际的效果。

（二）专业课程内容与思政内容较为割裂

由于课程思政与专业课的内在联系没有被充分发掘，课程思政教育无法与专业知识自然地融为一体，专业课和思政建设的内容呈现出相互割裂的趋势。有些专业课老师在进行思政教育时只是为了完成任务，他们会在课前或者课后单独进行思政教育，而思政教育的内容也与专业课内容相去甚远。由于缺乏对课程思政的合理安排，导致思政内容生硬无趣，无法吸引学生的注意力，更无法起到课程思政应有的效果。比如，一些教师往往只是对课件进行机械重复讲解或是播放一些与专业知识毫无关联的纪录片。很多时候，学生对这些知识毫无兴趣，甚至滋生出逆反心理，这也使得学生对课程思政建设的接受程度大幅下降，最终导致课程思政的推进进程缓慢。

（三）贯穿专业课程的思政意识还未形成

一方面，课程思政这一概念的提出时间尚短，一些专业课教师并不理解这一概念，也没有投入足够的精力来实践德育教育，更没有树立起课程思政的理念，也就使得课程思政建设在很大程度上被忽视。学科德育工作任重道远，相关的研究、创新与管理还有待进一步拓展。另一方面，个别教师自身的思想素质并不足以支撑他们在专业课程中融入思政教学，他们只能生搬硬套来指导学生的思政教育，这与提升学生思政水平的需求是不匹配的。

（四）专业课程的思政建设缺少标准的考核和评价体系

因为思政建设的效果是潜移默化的，很多情况下并不能单纯以分数来讨论课程思政的建设成功与否，但教师和学生的思政体验与收获同样应该纳入考核的范围。作为课程思政建设的主要受益者，学生在思想上的提高以及对教学内容的反馈无疑是最重要的部分，也应该是课程思政开展效果的重要评判标准。教师作为思政工作的教学者，则应该在提高自身思想素养的同时，努力为学生带去生动的思政课程讲述。当下，高校已对课程思政建设投入了较多的关注与支持，但是相应的质量评判标准与奖励机制仍有待完善。由于缺乏合理的过程考评与多样的考试题型，学生难以将理论与实际相结合，更无法真正地评判学生思政水平是否有所提高。

三、国际商务谈判课程思政建设的实施路径思考

（一）加强顶层设计，提供制度保障

加强顶层设计是推进课程思政建设的制度保障，能更好地发挥协同效应，进一步扩大课程思政改革的效果，提高国际经济与贸易人才的专业水平与思想素质。进行课程思政改革需要自上而下，联合全校各级部门，建立全面综合的领导管理机制，探索创新考核方式方法，发挥各部门的优势，以教务处为首，逐级向下推进，最终真正落实到课堂上。

（二）创新课程过程考核，与思政有机融合

随着新冠肺炎疫情的暴发，基于互联网的信息化教育模式飞速发展，各式各样的线上教育模式也随之诞生，网上的热点新闻、视频以及慕课等提供的资料较多，这为课程思政建设的创新提供了极大的便利。结合新媒体技术，老师可以通过课堂讲授、案例分析、小组汇报、谈判情景模拟与观看实际视频等方式将专业知识的传授与思政建设融为一体，最大限度吸引学生的注意力并满足不同学生的发展需求。

在评价机制的构建上，专业知识的考核应与思政素质的提升同样重要。在对专业知识进行考查的同时也要给出课程思政的考查标准，并在最终的评判中占据一定比例，才能切实推进课程思政改革。考核内容应该丰富多样，在涵盖理论知识的基础上，设置一些开放性问题，提倡学生进行实践，在操作中实现融会贯通。比如，学校可以将参与思政教育实践的成果添加到考核过程中，为

参加相关竞赛或宣讲的师生提供一定的奖励。

（三）与时俱进，逐步推出专业课程思政教材

尽管思政教育课本身有一套既定的理论体系及其对应的思政教材，为了使思政元素能更好地融入专业课程讲解中，需要将思政教育中较为重要的原则和精神与专业课程进行匹配，从而找到思政元素的适配节点。在此过程中，应以专业课程本身的知识体系为框架，逐步加入我国的传统美德、国际上的经济热点、历史上的经典案例等方面的道德教育材料以提高思政建设的专业性与可读性。再通过总结这些方面的教学案例，进一步精炼并研发属于国际商务谈判这一课程的专业思政教材。在教材的编制过程中，可以邀请专业课教师与思政课教师一同编写，深入探讨如何使思政教育和专业知识结合得更紧密。与此同时，还可以通过新媒体技术，不断融入多方资源，进一步扩充课堂的教学内容。

（四）创新教学方法，加强师生思政意识培养

习近平总书记强调："办好思想政治理论课关键在教师，关键在发挥教师的积极性、主动性、创造性。"① 作为课程思政建设的主要实施者，教师队伍的质量决定着教学质量。但是个别专业课教师的思政水平与专业知识水平不匹配，定期进行国际经济与贸易专业教师与思政教师的学术交流势在必行。在日常生活中，可以定期组织专业课教师接受红色教育，参加思政教育讲座，提高其思想政治觉悟，并在全校范围进行宣传，营造浓厚的课程思政建设氛围，逐步加强专业教师的师德师风建设。与此同时，可以通过慕课平台发布优质思政教学视频，进一步扩大思政教学的影响范围。

四、结语

在党和国家的高度关注下，课程思政建设不断与专业课程进行融合改革。国际经济与贸易专业作为培养未来国际贸易人才的主力军，拥有其独特性与重要性，在课程中既需要确保专业知识的传授，还要用习近平新时代中国特色社会主义思想来武装学生，培养具有爱国主义情怀和坚定社会主义立场的专业

---

① 张烁：《用新时代中国特色社会主义思想铸魂育人　贯彻党的教育方针落实立德树人根本任务》，《人民日报》，2019 年 3 月 19 日第 1～2 版。

人才。

参考文献：

[1] 霍苗，陈永昌. 基于“大思政”理念的经济类课程教育教学的探讨及分析［J］. 教育现代化，2019，6（63）：14—16.
[2] 贾金泽. 高校管理学课程思政价值理性实现路径探析［J］. 河南工学院学报，2020，28（4）：74—77.
[3] 孙志伟. 理工类专业课程开展课程思政建设的关键问题与解决路径［J］. 思想政治课研究，2019（1）：93—97.
[4] 赵鹤玲. 新时代高校“课程思政”建设的现状及对策分析［J］. 湖北师范大学学报（哲学社会科学版），2020，40（1）：108—110.
[5] 张乐，张云霞. “翻转课堂”教学模式在高校思政课中的应用研究［J］. 中国高等教育，2018（1）：36—38.
[6] 张涵. 《国际商务》“课程思政”建设探究［J］. 营销界，2020（31）：78—79.

跨越文化价值观的差异：浅析21世纪大学英语教学中的课程思政

杨　舒

（四川大学经济学院国际经济与贸易系）

摘　要：我国人才培养的根本任务是立德树人，思想政治教育因而要全方位地融入所有课程的教学中。课程思政要求高校教师在传授知识的同时对学生进行价值引领，培养学生树立正确的世界观、人生观、价值观。而大学英语教学中把语言教学和文化教学进行有机结合，是重视人文教育的必然体现，能够让学生了解到不同语言背后所隐藏的文化多样性，学生在跨越语言障碍的同时也能了解不同文化的差异，从而获得跨文化交际意识。这有助于提高学生的综合文化素养，使学生在学习和工作中能够恰当有效地使用英语，满足国家、社会和个人发展的需要。

关键词：课程思政；大学英语教学；文化价值观

“课程思政”是我国高等院校在新时代里将思想政治教育融入整个高校人才培养体系的重要教育指导方针，是我们坚持立德树人、全方位提高人才素养并进一步实现教育强国的迫切需要。教育的根本问题在于培养什么人、怎样培养人以及为谁培养人。而要落实新时期立德树人的根本任务，关键还是在于教师队伍。教师需要充分发挥自身的主观能动性，以身作则，真学真懂真信真用习近平新时代中国特色社会主义思想，大力挖掘所授课程中的思想政治元素并将之有机地融入课程中，在根本上实现知识传授和价值引领的统一，从而更好地提升课堂教学质量、促进专业建设并助推师德师风建设。

在高校思政建设中，教师队伍是主力军，课程建设是主战场，课堂教学是主渠道。习近平总书记在全国高校思想政治工作会议上明确指出要用好课堂教学这个主渠道，强调了除思想政治理论课要坚持在改进中加强并提升思想政治教育亲和力和针对性外，其他各门课程都要“守好一段渠，种好责任田”，使各类课程与思想政治理论课同向同行、形成协同效应[①]。这是我国高校在立德树人过程中从思想政治理论课为主渠道向所有课程为主渠道的一个重大转变，课程思政成为全面落实立德树人根本任务的基础性工作。这就意味着，各门课程的任课教师都要实实在在地把思想政治工作贯穿教育教学的全过程中去，有的放矢、因课施策，既能形成“惊涛拍岸”的声势，又能产生“润物无声”的效果，在保证专业教学水准的前提下，把思政元素自然生动地融入课程中去，使之成为课程建设和课堂教学的有机组成部分，更好地助推学生的成长与成才，全面完善学生的价值塑造。课程思政必须着力探索构建价值塑造、能力培养、知识传授“三位一体”的人才培养模式[②]，只有这样，我国高校才能充分构建全员、全程、全方位育人的大格局。

推进和完善“三全育人”机制是每一位教育工作者的责任，课程思政教育首先要解决的是立德，然后方能树人。当今时代，随着经济的高速发展和人们生活水平的普遍提高，社会各阶层出现不同程度的分化，而家庭经济条件、社会环境、学校风气和个人因素等的影响也使大学生群体产生了分化。大学生中有学习能力很强，能充分利用有限的资源投入无限的学习中去，勤奋刻苦地不断丰富完善自身的知识体系的群体，也有更多地注重通过社交和社会实践提高人际交往能力的群体。如何将二者有机结合起来，使培养对象成为既有很好的控制能力和学习能力，又能擅长人际交往，在走出象牙塔后能更好地融入社会生活的综合型群体，是每位教师作为德育工作者应该努力的方向。在学校教育中，教师可以通过言传身教、道德叙事和人文关怀来实现对学生的道德教育[③]。在营造积极良好的学习氛围和建立和谐融洽的师生关系的同时，让学生“敢闯会创”，培养学生的奋斗精神、创新精神，加强学生的法制意识、社会公共服务意识，坚定理想信念，厚植爱国情怀，鼓励学生在增长智慧才干的同时锤炼自己的意志品质，引导学生深刻理解社会主义核心价值观并自觉弘扬中华优秀传统文化和社会主义先进文化。

在思政教育上，思想政治理论课之外的各门课程具有不同的特色和特殊

---

① 张烁：《习近平在全国高校思想政治工作会议上强调：把思想政治工作贯穿教育教学全过程 开创我国高等教育事业发展新局面》，《人民日报》，2016 年 12 月 9 日第 1 版。

② 韩宪洲：《以“课程思政”推进中国特色社会主义一流大学建设》，《中国高等教育》，2018 年第 23 期，第 4～6 页。

③ 王钰：《德育视角下大学生群体分化问题及应对策略》，《佳木斯职业学院学报》，2019 年第 12 期，第 293～294 页。

性。大学英语就是这样的一门课程。作为我国高等教育的一个重要环节，大学英语教学涉及的学生面广、课时较多、课程周期较长。该课程不仅是中国学生了解西方历史、文化、社会、政治等的一扇重要窗口，也是英语作为世界通用语言必须被学生掌握运用的必然需求。长期以来，在教与学的层面上，英语更多地被当作一个实用工具。大学英语教学更注重的是对学生进行听、说、读、写、译等方面的技能培养，应试倾向明显，教师对知识的教授和学生对知识的学习普遍具有"重技能、轻人文"的现象。更有甚者认为教与学的目的就是通过大学英语四、六级考试，人文教育被有意无意地轻视和忽略，思想政治教育更是无从谈起。

不可否认的是，大学英语是一门语言基础课程；但同时，它也应该是一门人文教育的课程，因为语言本身就是文化的一个重要载体。在加强人文教育的同时，把思政教育融入大学英语的教学中，不仅能让青年学子更好地了解我们身处的世界和时代，也能让他们充分认识到中华传统文化的博大精深、源远流长，使他们摒弃对西方的盲目崇拜，增强民族自豪感和文化自信心，积极继承中华优秀传统文化并努力向世界介绍和传播中华文化，搭建我们与世界沟通的桥梁。这对我国培养新时代中国特色社会主义建设所需的人才具有不可或缺的价值和至关重要的作用。

在大学英语教学中，首先要培养学生的母语文化自信，树立中国语言文化的主导地位。教师应该让学生充分认识到，脱离了中国文化的外语学习会成为无本之木、无水之源。在英语学习中，不应过度把重点放在英语知识的学习上，应该加强母语文化知识的储备，充分发挥母语正迁移的作用，努力摆脱"中国文化失语症"。在培养学生英语语言技能的过程中，适时地有机融入中华文化元素，使学生对中国文化传统和价值体系有更深刻的认知和更清晰的表达，就能很好地消除中国学生在外语学习中（尤其是非英语专业的学生在英语学习中）普遍存在的中国文化失语的现象。①以笔者在大学英语精读课教学中所使用的《21世纪大学英语读写教程：2》第二单元的 Text A Why They Excel 为例。该课文主要讲述为何亚裔美国人出类拔萃。作者 Fox Butterfield 曾长期担任《纽约时报》驻北京记者，对中国有较多的接触和了解。课文中提到了孔子和儒家学说对亚裔价值观的影响。他把儒教称为亚裔共同的儒教传统（Asians' common heritage of Confucianism）。他认为勤奋用功的信念（belief

① 杨金才：《新时代外语教育课程思政建设的几点思考》，《外语教学》，2020年第6期，第11～14页。

in hard work）是促成亚裔学生成绩突出的三大要素之一。在分析这一段课文内容的时候，引入关于中国传统文化和哲学思想的背景知识讲解是非常必要的。除了告诉学生四书（the Four Books）和五经（the Five Classics）是儒家思想的核心载体，是中国传统文化的重要组成部分，还要让他们认识到儒家思想不仅对中国社会产生了深远的影响，也传播到了很多亚洲邻国并且在这些国家被广为接受。学生由此可以增强对于中国传统文化和思想体系的了解，建立起对自己国家传统文化的自信，并且在英语语言的学习过程中也学习着如何用英文讲好中国故事。

其次，由于非英语专业的学生对于西方文化知识的储备相对匮乏，英美文化背景知识的导入在大学英语教学中也显得必不可少。学生在阅读英文原文或用英语进行沟通交流时往往一知半解、望文生义，容易出现文化误读并导致跨文化交际的失败。因此，学生在英语语言的学习中必须同时学习西方文化知识，深入了解英美国家的思想体系及历史文化概况。同时，我们也应充分认识到，英语教学本身的特殊性在很大程度上决定了我们需要在英语语言的学习过程中直面西方的意识形态和主流话语。对于渗透在西方语言背后的西方文化价值观，教师需要帮助学生进行甄别和过滤，坚守正确的中国立场和价值观。以《21 世纪大学英语读写教程：2》第二单元的 Text B Eucation Methods：East and West 为例，该课文作为同一单元 Text A 的补充阅读材料，进一步探讨了文化差异如何影响教育的话题，其中也有不少的思政元素可以挖掘。文中对日本和北美教育制度、教学方法的不同进行了比较，分析了差异产生的根源并指出了各自的利弊。该文作者认为在美国和加拿大这样由许多不同民族、宗教团体和文化取向构成的西方社会中，个人主义和独立思考受到高度重视，因此教师强调每个学生都具备与众不同的品质，鼓励学生独自寻找问题答案并提出各自的解决方法。在启发学生深入思考文中提到的个人主义（individualism）的内涵是什么的同时，补充讲解个人主义在美国产生的历史和文化根源，把个人主义和北美大陆上从新英格兰地区的早期定居者（early settlers）到去往西部拓荒的边区居民（frontiersmen）身上所反映的拓荒精神（frontier spirit）相结合，让学生明白这种个人主义的基本内核不仅强调个体存在的独特性、个人尊严的神圣不可侵犯性和个人权利与自由的重要性，也包含了自主、自立的积极意义，因此不能简单地将之等同于以自我利益最大化为中心的利己主义（egoism）。当然，课文也在指出北美教育制度的弊端的时候谈到了美国的高犯罪率至少应部分归咎于学校的纪律涣散，学生会由此认识到这是个人主义盛行的社会对于个人自由的追求走向极端而产生的负面结果。通过这样由点带面的方式不断深入地对语言知识点进行学习和思考，学生对语言文字会养成深入探究其内涵的好习惯，不会只是简单地看一下单词列表里给出的与重点词汇相对应的汉语译文就止步不前。正如《21世纪大学英语读写教程：3》第一单元 Text A How I Got Smart 这篇课文中所引用的英国诗人和文学评论家亚历山大·蒲柏（Alexander Pope）在他的长诗《批评论》（*An Essay on Criticism*）中所写的"一知半解，危害匪浅；开怀畅饮吧，否则就不要品尝比埃里亚圣泉"（A little knowledge is a dangerous thing; Drink deep, or taste not the Pierian spring）①。对于英语语言所承载的英美文化以及文学作品的片段化学习，也能在潜移默化中提高学生学习英语的兴趣和积极性，并加强学生对于语言所蕴藏的文化内涵的理解能力。这对于达成外语类课程的学习目的能够起到事半功倍的效果。

在此基础上，要合理利用中英两种语言及语言背后的文化所具有的差异与共性，鼓励学生进行双语对比和双向文化对比，正确理解世界文化的多样性，在潜移默化中培养学生的国际视野、天下情怀，增进学生对于"构建人类命运共同体"等的理解和认同。仍以读写《21世纪大学英语读写教程：2》第二单元的 Text A Why They Excel 为例。文中提到在儒家哲学中，家庭起着最重要的作用，这种价值定向引导着人们去为家庭的荣誉学习和工作，而不仅仅是为了他们自己。亚裔对于家庭的责任感以及认为自己永远无法真正报答父母的负疚感，推动他们去获得成功。作者认为这种思想意识在亚裔中是一种如同新教哲学在西方一样的强大力量。由于作者没有展开谈论有关新教的任何信息，学生对于理解儒教（Confucianism）和新教（Protestantism）之间如何产生了类比关系是充满困惑的。这时，必须适时补充相关历史文化背景知识的讲解，让学生了解新教的历史发展、思想主张以及对美国社会的价值观产生的深远影响，并将它与儒家思想对中国社会的价值观所产生的深远影响加以比较。在探讨完这些问题以后，还可以结合同一单元 Text B 中提到的西方价值观所推崇的个人主义来加强分析的效果，让学生把美国的个人主义（American individualism）和中国的集体主义（Chinese collectivism）进行比较。在做比较的同时，不失时机地结合世界时事进行案例分析，让学生真正明白正是因为中国人具有集体主义精神，可以为了群体的共同利益而做出个人利益的牺牲，才有了新冠肺炎疫情全球大蔓延的背景下我们国家如今这样来之不易的抗疫成果。集体主义在很大程度上有着利他主义（altruism）的精神内核，是我们构

① 蒲柏原文为："A little learning is a dang'rous thing; Drink deep, or taste not the Pierian spring." 比埃里亚圣泉是希腊神话传说中的灵泉，诗人饮之可获诗歌创作的灵感，后用来泛指知识的源泉。

建人类命运共同体所不可或缺的优良传统。反观西方国家的抗疫失败，除了政治因素，不得不说也和其国民对于个人权利和自由的极端追求有着一定的关系。

简而言之，要种好大学英语教学这块责任田，必须语言和文化两手抓，两手都要硬。开展课程思政融入教学的方式应该是灵活多样的，可以在词汇和文章的讲解中导入，也可以在课内外活动中导入，布置学生进行专题演讲或分组讨论等。就连课间休息的十分钟也可以利用起来，借助教室里可以连接互联网的多媒体设备，播放 CNN 或 BBC 的实时新闻报道，再把 CGTN 就同一新闻事件的英文报道拿来做对比，让学生看一看中西方不同的文化和意识形态视角下对事件的观察和描述有些什么样的差异。在非英语专业的学生的英语学习较大程度依赖课堂教学的现实条件下，大学英语教师必须努力用好课堂教学这个主渠道，找到英语教学基本要求与思政教育语言素材之间的契合点，对现有主干教材中的思政教育元素加以充分的挖掘和有效的补充。做到这些，我们一定可以培养出既有正确的意识形态价值观和扎实的专业基础，又有广阔的跨文化视野和较强思辨能力的优秀人才。

参考文献：

[1] 韩宪洲. 以“课程思政”推进中国特色社会主义一流大学建设 [J]. 中国高等教育，2018（23）：4−6.

[2] 王钰. 德育视角下大学生群体分化问题及应对策略 [J]. 佳木斯职业学院学报，2019（12）：293−294+296.

[3] 杨金才. 新时代外语教育课程思政建设的几点思考 [J]. 外语教学，2020，41（6）：11−14.

[4] 翟象俊，等. 21 世纪大学英语读写教程：2 [M]. 3 版. 上海：复旦大学出版社，2014.

[5] 翟象俊，等. 21 世纪大学英语读写教程：3 [M]. 3 版. 上海：复旦大学出版社，2015.

国际商法课程思政教学改革探析

张妍妍

（四川大学经济学院国际经济与贸易系）

摘　要：国际商法作为国际经济与贸易专业本科生的专业课程之一，在塑造学生的法律人格、法律思维和法治观念中发挥着重要的基础性作用。本文在对国际商法课程思政目标进行分析的基础上，提出了课程思政的内容、方式方法、教材体系和教学考评模式改革的有效开展途径。

关键词：国际商法；课程思政；教学改革

《教育部高等教育司2020年工作要点》第五点关于“全面推进高校课程思政建设”指出，充分发挥各类课程的育人功能，深入挖掘各门课程蕴含的思想政治教育内容，促进专业课与思想政治理论课同向同行，实现价值引领、知识教育、能力培养的有机统一。如何推进课程思政，将课程思政做得“有情有义、有滋有味”，是高校教学改革中的重要内容。“课程思政”作为一种教育教学理念，把“思政元素”融入专业课程知识，能在知识的传授中实现对学生世界观、人生观和价值观的引领。“专业课程”与“思政教育”同向同行，发挥好专业课程的育人功能，能更为“隐性”而有效地达到思政教育的成效，培养德智体美劳全面发展的社会主义建设者和接班人。

近年来，经济类专业课程中法学教育工作受到广泛重视，国际商法作为国际经济与贸易专业本科生的专业课程之一，在塑造学生的法律人格、法律思维和法治观念中发挥着重要的基础性作用。在国际经济与贸易专业的法学课程中有效开展思政教育工作，可培养经济类专业技术人才提升其职业道德素养与品质，帮助其树立正确的人生观与价值观。以国际商法课程为例，将思政教育工作贯穿其课程教学目标与内容设计、教学过程、教学考评等各个环节，促进课程教学与学生思政教育的充分对接与融合，实现课程“承载思政”与思政教育寓于课程的良性互动，对于新时代经济类专业人才的培养具有重要的现实意义。

一、在国际商法课程的教学目标中贯彻课程思政理念

对学生的调查问卷显示，大部分学生不了解高校的课程思政教育改革，不能将专业学习与思政教育理念相结合来整体地看待专业课程[①]；对教师的调查问卷显示，部分专业课教师认为思政教育与专业教育是相区分的，思政课程应由思政教师完成，专业课教师只负责专业课程教授。学生普遍会忽视专业知识中蕴含的思政内涵，专业课教师对课程思政的认识不够深刻，无法将课程思政观念渗透教学内容中吸引到学生。基于当前“大思政”教育教学新形势与新要求，国际商法课程教学在教学目标与内容设计方面还存在不足，应在课程纲要中强化思政理念，使学生更加明确自身所肩负的历史使命和社会责任，自觉关心国家发展。

国际商法大部分课程内容都可以成为思政教育的素材，其教学应该在传授专业知识的同时，注意弘扬社会主义核心价值观，使知识教育和思政教育融为一体、相得益彰。在本课程中实施课程思政建设，可以以专业知识的讲授为载体，潜移默化地对学生产生影响，使学生树立正确的世界观、人生观和价值观，培养学生努力奋斗和爱岗敬业的科学精神，达到育人的目的。具体而言，本课程在专业学习目标上，使学生能较系统地掌握国际商业契约、国际货物买卖、国际知识产权转让以及国际商事争议解决的基本原理和法律规范，形成一定的法律思维和法治理念，为在国际商务领域运用法律知识奠定基础。在思政教学目标上，可将以下十个关键词融入具体的教学内容中：党的领导、民族复兴、人类命运共同体、战略自信、“一带一路”、和平发展、全球伙伴、国际治理、维护主权、大国风范。课程思政应当围绕中国的实际情况来设计展开，这样才能更好地将身边的思政元素与我国实际相结合，使学生在学习和掌握国际商法知识和原理的同时，建立对中国特色社会主义的“四个自信”，激发学生对国家的认同感和自豪感，使其成为具有全球视野、有时代担当的优秀青年。

二、在国际商法课程的教学内容中融入思政元素

国际商法课程内容与课程思政改革密切相关。运用马克思主义基本原理，

---

① 包姝妹：《法学专业“课程思政”教学改革路径探析——以〈侵权责任法〉课程为例》，《高教学刊》，2020年第16期，第1～5页。

让学生理解法律的本质是统治阶级意志的表达；运用马克思主义唯物史观，让学生理解法律与经济的关系；结合中国特色社会主义制度，让学生明白我国法律体系与法律制度的一般性与特殊性。在公司法、合同法、金融法等商事法律制度比较的讲授中，应结合习近平新时代中国特色社会主义思想以及党的十八大以来尤其是党的十九大以来的最新大政方针进行。比如公司法中的注册资本制度改革与降低市场准入门槛、鼓励创新创业的密切关系；公司法中的“老三会”“新三会”与当前强调全面加强党的领导的历史演变，以及党委会与董事会的关系。在国际金融法讲授中，重点将“三大风险”防控之一的金融风险防控结合实际进行。在讲合同法时，将人民利益至上、高质量发展、对美好生活的向往等结合进行讲授。国际商法课程的内容始终以国家为中心和基础，在国家主权独立和主权平等的前提下进行商事谈判和交易及解决国际商事争端。通过对各国商事法律制度的比较学习，对《联合国国际货物销售合同公约》、《国际商事合同通则》、《国际贸易术语解释通则》、国际知识产权转让、国际商事争议解决等重点知识的学习，学生一方面能够将理论规则应用于国际商务实践；另一方面能具备国家视野，胸怀祖国，理解国家在国际商事关系中的地位和作用，在国际商事活动中具有良好的法律意识，在任何情况下都能自觉维护国家的主权和国家的利益①。由此，只有在教学内容中充分融入课程思政元素，切实将课程思政作为教学重心在实践中开展，将立德树人、教书育人，社会主义核心价值观贯穿教学全过程，课程思政改革才能真正得以有效推行。

三、改革国际商法课程的教学方式和方法

本课程教学改革以培养“德法兼修”的社会主义法律人才教育为目标，以学生为中心，以学生发展为第一要务，紧紧围绕学生能力提升、个性需求和成长成才需求进行战略设计②。由于国际商法课程属于重要的专业基础课程，而经济专业学生普遍法学基础较为薄弱，因此首先需要学生掌握基本的法学知识。国际商法课程实践性极强，同时法学理论和法律法规又较抽象难懂，要保证本课程的教学质量、提高学生的学习兴趣，必须在提高教师自身掌握程度的前提下，采取多种教学方法，培养学生理论联系实际、能够解决案例问题的能

---

① 张丽莎：《国际法课程内容与爱国主义教育相结合方法探析》，《传播力研究》，2020 年第 23 期，第 164～165 页。

② 张倩：《“大思政”视域下〈国际经济法〉之教学改革》，《新西部》，2020 年第 12 期，第 147～148 页。

力，以达到教学大纲的要求。教师的主要精力应放在教学方法和教学资源的改革建设上面，尤其是案例建设和对网络资源的应用。具体而言是要实现课堂教学模式的转变，应主要采用马克思主义哲学提供的方法论来指导，坚持以思政课堂为主阵地，对教学方法、形式、工具进行专题化设计和架构，优化课程方式和方法供给。

（一）教学方式创新

改革原有单向输出式教学方式，强调互动式教学方法的运用。运用多种教学方式，如启发式、提问式、习题课式、互动式、分组讨论等形式组织展开教学。这些形式的具体教学方法也是多样化的：启发式教学以生动的视频案例或者生活中的切身事件引出对理论问题的深入思考；提问式教学以对启发式、开放式问题的探讨为主，增强学生自主思考和学习的积极性；习题课内容以案例分析为主，考查学生对理论知识的应用掌握情况，考查形式线上线下均可；互动式教学形式多样，可由学生独立或分组展示并分析案例、以模拟法庭或情景剧等形式带入并探讨案例，等等。其中分组讨论的方法也是多样化的，可运用国际前沿的 T（think）P（pair）S（share）、Mingle、Brain storm、Rainbow等多种组合和游戏教学手段，提高学生的参与积极性。吸收和借鉴国外“反转课堂”的教学方式，逐步改变学生被动式的学习理念。理论和法条知识的学习可通过堂下视频学习和查询文献的方式进行，课堂上主要通过动手动脑的互动方式对具体案例展开探讨和研究。以丰富的课堂教学形式，充分发挥学生的主动性和积极性，坚持“以生为本”的主体性思维，让学生了解学习、热爱学习、学会学习。

（二）教学工具创新

改革原有单一教学工具的使用方式，积极运用多样的新型媒体和硬件设施。①传统的板书板画有助于培养学生理论学习的专注力，而以多媒体技术为代表的现代教育手段，能够充分增加课堂信息量，内容直观易懂，教学形式灵活。本课程应将现代的多媒体教学手段与传统的板书板画有机地结合起来，扬长避短，相辅相成。②借助新型在线互动软件的运用，如问卷星、KAHOOT等，设置一些学生参与度较高的游戏环节，并将相关教学内容融入在内，以增加教学的趣味性和学生参与积极性。③传统教室位置固定不利于分组讨论的设置，本课程应用学校的新型智慧教室开展课堂学习，辅助实现教学方法和手段的优化。教学工具的改革可以促发学生的学习积极性，令其通过多元化教学和实践平台更加深刻地领略知识的真谛，敢于和愿意自发主动地应用法律，并从中认知法律、认识自我、发现自我并完善自我，同时形成正确的法律职业伦理，塑造正向的法律职业精神，由此建立起社会主义法律信仰，勇敢地肩负起社会主义法治建设的重要使命。

四、改进国际商法课程的教材体系和教学考评模式

国际商法课程还需要改进传统单一的教材体系和教学考评模式，突破思政教育课与专业课程教育“两张皮”的弊端，打破原有专业课程之间、专业课程与思政课程之间、专业课程与综合素养课程之间的诸多“育人壁垒”，实现多种课程之间的无缝对接，形成“协同育人共同体”。

（一）课程的教材体系改革

专业课程教材有待形成系统化和标准化的教学体系和框架。国际商法课程的教材应改变以专业理论统领教材的格局，以思政来统领教材体系。根据本课程的特征，应把思政案例融入教材，教师需有明确的问题导向意识并选择最具代表性和典型性的案例以供课堂学习。

（二）转变传统的教学考评模式

本课程应在原有理论知识考核的基础上，增加对学生思想素质、实践能力和综合素养的考核内容。思政成绩可以由教师根据学生对专业知识中思政元素和内涵的理解和掌握，在课堂和作业中体现出的“思政”表现，最终形成“课程思政”分值。课程考核成绩则最终由专业成绩与思政成绩共同构成。

参考文献：

[1] 靳卫萍. 经济学原理课程思政的初步实践［J］. 中国大学教学，2020（Z1）：54—59.

[2] 马三喜，胡国利，刘秀岩，等. 专业课程教育与思想政治教育同向同行的逻辑路径［J］. 文教资料，2021（10）：78—79.

提高课程思政参与度及质量的思考

邓常春

（四川大学经济学院国际经济与贸易系）

摘　要： 本文旨在探讨如何提高课程思政参与度及质量。本文认为，要提高教师对课程思政的参与度，可以从以下三方面着手：教师深刻认识课程思政的必要性和重要性，在专业课中寻找着力点，学校在绩效考核中更加重视课程思政。要提高课程思政的质量，可以尝试以下方法：不断加强教师自身的道德修养，不断提高教师的教学科研水平，有意识地在课程中融入思政内容，真心关爱学生，等等。

关键词： 课程思政；参与度；质量

引言

培养什么人、怎样培养人、为谁培养人是教育的根本问题，立德树人成效是检验高校一切工作的根本标准。落实立德树人根本任务，必须将价值塑造、知识传授和能力培养三者融为一体、不可割裂。全面推进课程思政建设，就是要寓价值观引导于知识传授和能力培养之中，帮助学生塑造正确的世界观、人生观、价值观，这是人才培养的应有之义，更是必备内容。

教育部在 2020 年 5 月出台的《高等学校课程思政建设指导纲要》中明确指出，“要紧紧抓住教师队伍‘主力军’、课程建设‘主战场’、课堂教学‘主渠道’，让所有高校、所有教师、所有课程都承担好育人责任，守好一段渠、种好责任田，使各类课程与思政课程同向同行”[①]。也就是说，课程思政要高校全覆盖，教师全覆盖，课程全覆盖。

---

① 《教育部关于印发〈高等学校课程思政建设指导纲要〉的通知》，http://www.moe.gov.cn/srcsite/A08/s7056/202006/t20200603_462437.html。

面对新的形势和新的要求，如何进行高校课程思政建设？如何提高教师对课程思政的参与度？如何提高课程思政的质量？这是需要思考和探索的问题。

一、如何提高教师对课程思政的参与度

高校教师中的80%是专业教师，课程中的80%是专业课程，学生学习时间的80%用于专业学习，专业课程教学是课程思政的最主要依托。所以，全面推进课程思政建设，教师是关键。

（一）深刻认识课程思政的必要性和重要性

教书育人，既要教书，也要育人；既要传授知识，也要注重价值观的引导。青年的价值取向决定了未来整个社会的价值取向，而青年又处在价值观形成和确立的关键时期，因此，促成青年形成并践行社会主义核心价值观有着特别重要的意义。大学是探索真理、研究学问的地方，大学也是优秀青年聚集之所在，因此，在大学里培育和践行社会主义核心价值观，具有特别的优势和便利，教师对此应该有明确的思想认识和积极的实践探索。

大学要培养的是社会主义的建设者和接班人，而不是社会主义的旁观者和反对者。大学时期是人生至为重要的阶段，大学的学习，不仅仅包括知识，还包括对世界、国家、民族、社会和生活的理解。当今世界正面临复杂深刻的变化，各种信息相互激荡，而青年学生面临学业、情感、职业等多方面的考量与选择，常常感到迷茫。这时候如果教师能够及时介入，在专业知识的传授之中融入价值观的引导，促进学生从青年时期就秉持正确的价值观，养成理性分析的良好习惯，学生将来就能做到善于分析、正确抉择，从而稳重自持、从容自信。

（二）善于挖掘，在专业课中找准课程思政的着力点

《高等学校课程思政建设指导纲要》指出，“专业课程是课程思政建设的基本载体。要深入梳理专业课教学内容，结合不同课程特点、思维方法和价值理念，深入挖掘课程思政元素，有机融入课程教学，达到润物无声的育人效果”①。

---

① 《教育部关于印发〈高等学校课程思政建设指导纲要〉的通知》，http://www.moe.gov.cn/srcsite/A08/s7056/202006/t20200603_462437.html。

所以，从教师的角度来说，要提高对课程思政的参与度，除了思想认识要到位，还要从专业课中深度挖掘，找准课程思政的着力点。着力点就是切入点，有了切入点，接下来就有章可循了。

以经济学为例，经济学讲求“经世济民”，大部分专业课都有丰富的人文内涵，只要善于挖掘，不难找到课程思政的着力点。正如《高等学校课程思政建设指导纲要》所要求的，在课程教学中坚持以马克思主义为指导，以课程知识点为依托，适时加入相关专业和行业领域的国家战略、法律法规和相关政策，引导学生深入社会实践、关注现实问题，努力培育学生经世济民、诚信服务、德法兼修的职业素养①。

（三）在绩效考核中更加重视课程思政

当前的一些高校存在重科研轻教学、重专业论文轻教改论文的现象。这可能与各自的评价体系有关。和科研论文比起来，教学效果的影响因素更多，难以把教师的努力和能力分离出来单独加以评价。在这种大背景下，对课程思政进行思考和实践并写成的教改论文，难以公开发表，也难以引起重视，很大程度上影响了教师参与课程思政的积极性。

因此，可以考虑从绩效方面鼓励教师积极参与课程思政。譬如，每年以学院为单位征集课程思政的教改论文，结集出版。对于选中并结集出版的论文，认定为普刊论文，计入工作量。如此可以促进教师积极思考和探索课程思政，并及时总结经验教训，不断强化教师课程思政的意识。

二、如何提高课程思政的质量

高校专业课程林林总总，学科众多，教师的教学风格也各不相同。在此情况下，如何提高课程思政的质量，防止形式主义和片面化？

（一）不断加强教师自身的道德修养

中国有句话叫作“为人师表”，很好地概括了教师的德行修养与表率作用。天地君亲师，中国文化给予教师如此崇高的地位，作为教师，一定要时刻牢记教师的使命和责任，一定要德位相配。

---

① 《教育部关于印发〈高等学校课程思政建设指导纲要〉的通知》，http://www.moe.gov.cn/srcsite/A08/s7056/202006/t20200603_462437.html。

要提高课程思政的质量，教师首先要提高自身的道德修养，以身作则。带头遵纪守法，并保持较高的道德水准，品行端正，秉持主流价值观。在课堂教学、课下交流以及微信、微博、QQ 等社交媒体上，坚持主流价值观，坚持正面引导，坚持正能量，不信谣不传谣。

（二）不断提高教师的教学科研水平

学生总是钦佩和敬慕有才华的老师。优秀的学生要遇到优秀的老师，才能成为优秀的人才。教师自身教学优秀，科研突出，才能成为学生的偶像，教导学生才有说服力。“误人子弟”是对教师最严重的差评。教学要吸引学生，要让勤学上进的学生有收获，才算是一名好老师。

作为大学教师，每年都会迎来一批新的学子，时代日新月异，各届学子风格迥异，教师需要密切把握时代脉动，尽量减小与学生之间的代沟。如此才能因材施教，针对新问题给出新方法。学海无涯，活到老，学到老，这是教师的职业特点之一。

（三）有意识地将课程思政融入教学全过程

教学不只是课堂，而是一个连贯的全过程。课程思政要取得好的效果，不能止步于课堂，而应该贯穿于教学的全过程。从教学目标设计、教学大纲撰写到教材选用、课件制作，从课堂讲授、教学研讨到实验实训、作业论文，在各个环节，教师都要有意识地融入课程思政，自始至终抓住课程思政与专业知识的契合点和着力点，让课程思政与专业知识水乳交融，不知不觉渗透学生的认知和理解之中。

同时还要不断创新课堂教学模式，熟练运用现代信息技术，激发学生的学习兴趣，引导学生深入思考和积极探索，用书本理论观照社会现实，帮助学生在学以致用的过程中认识、理解、接纳社会主流意识形态和主流价值观，避免被互联网时代各类社交媒体的某些不当言论带偏。

（四）真心关爱学生，及时回应学生的关切和反馈

对于教师来说，课程思政不仅仅关乎教学，更关乎人心和情怀。青年学生涉世未深，在大学阶段时常面临学业、情感、职业选择等困扰，而这些选择可能影响到他们未来的一生。

作为教师，如果能经常与学生交流，像关爱自己的孩子一样关爱学生，关心他们的学习、生活、就业、考研等大小事情，为他们出谋划策、提供经验，

减少他们的困惑，帮助他们少走弯路，就能成为学生的知心朋友，甚至可能对学生的一生产生影响。由此，课程思政就不仅仅局限于教书，而扩展到育人了。

三、结语

东晋史家袁宏的《后汉纪》有句名言："经师易遇，人师难遭。"意思是，以精湛的专业知识传授他人（作经师）并不难；而能以渊博的学识、高尚的人格修养去教人如何做人（作人师）就不那么容易了。这句名言放到现代高等教育的语境里，尤其值得深思。

教师不仅仅是一份用于谋生的职业。得英才而育之，在学生最好的年华里，带着他们读书明理、做事做人，这是教师无上的荣光。让课堂永葆青春，让莘莘学子在课堂上有所思、有所得，让师生相处的某一个场景、某一句话能铭记在学生的心里，多年后还能清晰忆起，并在人生的某个重要路口影响他们的选择，这是大学和大学教师永远的追求，也是高校课程思政建设的深远意义。

参考文献：

[1] 伍醒，顾建民."课程思政"理念的历史逻辑、制度诉求与行动路向［J］. 大学教育科学，2019（3）：54－60.

[2] 习近平. 思政课是落实立德树人根本任务的关键课程［J］. 求是，2020（17）：4－16.

[3] 中华人民共和国教育部. 高等学校课程思政建设指导纲要［EB/OL］.（2020－05－28）［2021－12－01］. http://www.moe.gov.cn/srcsite/A08/s7056/202006/t20200603_462437.html.